ESTUDIO BÍBLICO CATÓLICO DE LIBROS LIGUORI

I0111372

Epístolas universales y Apocalipsis

SANTIAGO, PEDRO 1 Y 2, JUAN 1, 2 Y 3, JUDAS, Y APOCALIPSIS

P. WILLIAM A. ANDERSON, DMIN, PHD
Y P. LUCAS TEIXEIRA, SSL

LIBROS
LIGUORI

Imprimi Potest:
Stephen Rehrauer, CSsR, Provincial
Provincia de Denver, Los Redentoristas

Imprimatur: "Conforme al C. 827 el Reverendísimo Edward M. Rice, obispo auxiliar de St. Louis, concedió el Imprimátur para la publicación de este libro el 14 de Octubre de 2014. El Imprimátur es un permiso para la publicación que indica que la obra no contiene contradicciones con las enseñanzas de la Iglesia Católica, sin embargo no implica la aprobación de las opiniones que se expresan en la obra. Con este permiso no se asume ninguna responsabilidad".

Publicado por Libros Liguori, Missouri 63057
Pedidos al 800-325-9521
Liguori.org

Library of Congress Cataloging-in-Publication data on file

p ISBN 978-0-7648-2461-6
e ISBN 978-0-7648-6919-8

Los textos de la Escritura que aparecen en este libro han sido tomados de la Biblia de Jerusalén versión latinoamericana ©2007, Editorial Desclée de Brower. Usada con permiso. Todos los derechos reservados.

Libros Liguori, una corporación sin fines de lucro, es un apostolado de los Padres y Hermanos Redentoristas. Para más información, visite Redemptorists.com.

23 22 21 20 19 / 7 6 5 4 3

Primera edición

Imágen de la portada: *Saint PETER and resurrection of Tabitha*, from Brancacci Chapel, fresco / Art Archive / SuperStock

Índice

Dedicatoria

La serie de libros que componen la colección del Estudio Bíblico de Libros Liguori está dedicada entrañablemente a la memoria de mis padres, Kathleen y Angor Anderson, en agradecimiento por todo lo que compartieron con quienes los conocieron, especialmente con mis hermanos y conmigo.

WILLIAM A. ANDERSON

Dedico el presente estudio bíblico a mis amigos, regalos de Dios en mi camino, con gratitud y estima. En especial a mi gran amigo romano, Francesco Cupelli; a Marco Batta, Francisco Cruz, Marcos Denck, Jeroen Smith, Claus Fistill y James; Helena y John Shekelton.

LUCAS TEIXEIRA

Reconocimientos

Los estudios bíblicos y las reflexiones que contiene este libro son fruto de la ayuda de muchos que leyeron el primer borrador e hicieron sugerencias. Estoy especialmente en deuda con la Hermana Anne Francis Bartus, CSJ, D Min, cuya vasta experiencia y conocimiento fueron muy útiles para llevar a esta colección a su forma final.

WILLIAM A. ANDERSON

Agradezco en primer lugar al Dios compasivo y misericordioso (cf. Ne 9:17; Éx 34:6) que me concede la posibilidad de ofrecer esta pequeña contribución para un mayor conocimiento, aprecio y vivencia de su Palabra. Y gracias también al equipo editorial de Liguori por la confianza, acogida y valoración de mi trabajo.

LUCAS TEIXEIRA

Introducción al
Estudio Bíblico de Libros Liguori

LEER LA BIBLIA puede intimidar a algunos. Es un libro complejo y muchas personas de buena voluntad que han tratado de leer la Biblia, terminaron dejándola totalmente confundidos. Por ello, ayuda tener un compañero de viaje y el *Estudio Bíblico de Libros Liguori* es uno confiable. En los diversos libros de esta colección, vas a aprender sobre el contenido de la Biblia, sobre sus temas, personajes y acontecimientos, y aprenderás también cómo los libros de la Biblia surgieron por la necesidad de salir al paso de nuevas situaciones.

A lo largo de los siglos, los creyentes se han preguntado: ¿dónde está Dios en este momento? Millones de católicos se vuelven a la Biblia en busca de aliento para su camino de fe. La prudencia nos aconseja no emprender un estudio de la Biblia por nosotros mismos, desconectados de la Iglesia que recibió la Escritura para compartirla y custodiarla. Cuando se utiliza como una fuente para la oración y atenta reflexión, la Biblia cobra vida.

Tu decisión de adoptar un programa para el estudio de la Biblia debe estar dictada por lo que esperas encontrar en él. Uno de los objetivos del *Estudio Bíblico de Libros Liguori* es dar a los lectores una mayor familiaridad con la estructura de la Biblia, con sus temas, personajes y mensaje. Pero eso no es suficiente. Este programa también te enseñará a usar la Escritura en tu oración. El mensaje de Dios es tan importante y tan urgente en nuestros días como entonces, pero solo nos beneficiaremos del mensaje si lo memorizamos y conservamos en nuestras mentes. Está dirigido a toda la persona en sus esferas física, emocional y espiritual.

Nuestro bautismo nos introduce a la vida en Cristo y estamos hoy llamados a vivir más unidos a Cristo en la medida en que practicamos los valores de la justicia, la paz, el perdón y la vida en la comunidad. La nueva alianza de Dios fue escrita en los corazones del pueblo de Israel; nosotros, sus descendientes espirituales, somos amados por Dios de una forma igualmente íntima. *El Estudio Bíblico de Libros Liguori* te acercará más a Dios, a cuya imagen y semejanza fuiste creado.

Estudio en grupo e individual

La colección de libros del Estudio Bíblico de Libros Liguori está orientada al estudio y la oración en grupo o de forma individual. Esta colección te da las herramientas para comenzar un grupo de estudio. Reunir a dos o tres personas en una casa o avisar de la reunión del grupo de estudio de la Biblia en una parroquia o comunidad puede dar resultados sorprendentes. Cada lección del Estudio Bíblico contiene una sección para ayudar a los grupos a estudiar, reflexionar y orar, y compartir con otros sus reflexiones bíblicas. Cada lección contiene también una segunda sección para el estudio individual.

Mucha gente que quiere aprender más sobre la Biblia no sabe por dónde empezar. Esta colección les da un punto de partida y les ayuda a seguir adelante hasta que se familiarizan con todos sus libros.

El estudio de la vida puede ser un proyecto tan largo como la misma vida, que enriquece siempre a todos los que quieren ser fieles a la Palabra de Dios. Cuando la gente completa un estudio de toda la Biblia, puede empezar otra vez, haciendo nuevos descubrimientos cada vez que se adentra de nuevo en la Palabra de Dios.

Lectio Divina
(Lectura Sagrada)

EL ESTUDIO BÍBLICO no consiste únicamente en adquirir conocimientos intelectuales de la Biblia; también tiene que ver con adquirir una mayor comprensión del amor de Dios y una mayor preocupación por la Creación. El fin de leer y conocer la Biblia es enriquecer nuestra relación con Dios. Dios nos ama y nos dio la Biblia para enseñarnos ese amor. En su discurso de 12 de abril de 2013 ante la Pontificia Comisión Bíblica, el Papa Francisco subrayó que "la vida y misión de la Iglesia se fundan en la Palabra de Dios que es el alma de la teología y al mismo tiempo inspira toda la vida cristiana".

El significado de *Lectio Divina*

Lectio divina es una expresión latina que significa "lectura sagrada o divina". El proceso para la *lectio divina* consiste en leer la Escritura, reflexionar y orar. Muchos clérigos, religiosos y laicos usan la *lectio divina* en su lectura espiritual, todos los días, para desarrollar una relación más cercana y amorosa con Dios. Aprender sobre la Sagrada Escritura tiene como finalidad llevar a la vida personal su mensaje, lo cual requiere un periodo de reflexión sobre los pasajes de la Escritura.

Oración y *Lectio Divina*

La oración es un elemento necesario para la práctica de la *lectio divina*. Todo el proceso de lectura y reflexión es en el fondo una oración, no es un esfuerzo puramente intelectual; es también espiritual. En la página 15 se ofrece una oración inicial para reunir los propios pensamientos antes de abordar los diversos pasajes de cada sección. Esta oración se puede decir en privado o en grupo. Para los que usan el libro en su lectura espiritual de todos los días, la oración para cada apartado puede repetirse todos los días. También puede ser de utilidad llevar un diario de las meditaciones diarias.

Ponderar la Palabra de Dios

La *lectio divina* es la antigua práctica espiritual de los cristianos de leer la Sagrada Escritura con una intencionalidad y con devoción. Esta práctica les ayuda a centrarse y bajar a su corazón para entrar en un espacio íntimo y silencioso donde pueden encontrar a Dios.

Esta lectura sagrada es distinta de la lectura para adquirir conocimientos o información, y es más que la práctica piadosa de la lectura espiritual. Es la práctica de abrirnos a la acción e inspiración del Espíritu Santo. Mientras nos concentramos de forma consciente y nos hacemos presentes al significado íntimo del pasaje de la Escritura, el Espíritu Santo ilumina nuestras mentes y corazones. Llegamos al texto queriendo ser transformados por un significado más profundo que se encuentra en las palabras y pensamientos que estamos ponderando.

En este espacio nos abrimos a los retos y a la posibilidad de ser cambiados por el significado íntimo de la Escritura que experimentamos. Nos acercamos al texto con espíritu de fe y con obediencia, como un discípulo deseoso de ser instruido por el Espíritu Santo. A medida que saboreamos el texto sagrado, abandonamos la actitud controladora que quiere decir a Dios cómo debe actuar en nuestras vidas y rendimos nuestro corazón y nuestra conciencia a la acción de lo divino (*divina*) a través de la lectura (*lectio*).

El principio fundamental de la *lectio divina* nos lleva a entender mejor el profundo misterio de la encarnación, "La Palabra se hizo carne", no solo en la historia, sino también en nosotros mismos.

Rezar la *Lectio* en nuestros días

Relaja tu cuerpo y mantén una postura de oración (sentado con la espalda recta, ojos cerrados, ambos pies en el piso). Ahora sigue estos cuatro sencillos pasos

1. Lee un pasaje de la Escritura o las lecturas de la Misa del día. Esta parte se llama *lectio* (si la Palabra de Dios se lee en voz alta, quienes escuchan deben hacerlo atentamente).

2. Ora usando el pasaje de la Escritura elegido mientras buscas un significado específico para ti. Una vez más, la lectura se escucha y se lee en silencio para ser reflexionada o meditada. Esto se conoce como *meditatio*.

3. El ejercicio ahora se vuelve activo. Toma una palabra, frase o idea que aflore al estar considerando el texto elegido. ¿Esa lectura te recuerda alguna persona, lugar o experiencia? Si es así, haz oración pensando en ello. Concentra tus pensamientos y reflexiones en una sola palabra o frase. Este "pensamiento-oración" te ayudará a evitar las distracciones durante la *lectio*. Este ejercicio se llama *oratio*

4. En silencio, con tus ojos cerrados, tranquilízate y hazte consciente de tu respiración. Deja que tus pensamientos, sentimientos y preocupaciones se desvanezcan mientras consideras el pasaje seleccionado en el paso anterior (la oratio). Si estás distraído, usa tu "pensamiento-oración" para volver al silencio y quietud. Esta es la *contemplatio*.

Puedes dedicar a este ejercicio tanto tiempo como desees, pero en el contexto de este Estudio Bíblico, de 10 a 20 minutos deberían ser suficientes.

Muchos maestros de oración llaman a la contemplación "orar descansado en Dios", y la ven como el preámbulo del perderse a sí mismo en la presencia de Dios. La Escritura se convierte en nuestra oyente mientras oramos y permitimos a nuestros corazones unirse íntimamente con el Señor. La Palabra realmente se hace carne, pero en esta ocasión se manifiesta en nuestra propia carne.

Cómo utilizar el estudio bíblico

Los comentarios y reflexiones que aparecen en este estudio, ayudarán a los participantes a familiarizarse con los textos de la Escritura y los llevarán a reflexionar con mayor profundidad en el mensaje de los mismos. Al final de este estudio, contarán con un sólido conocimiento de las Epístolas universales y del Apocalipsis, y se darán cuenta de cómo estos textos les ofrecen un alimento para su alma. El estudio no es solo una aventura intelectual, sino también espiritual. Las reflexiones guían a los participantes en su propio caminar por las Escrituras.

El presente manual ofrece al lector creyente una guía de estudio y oración sobre las cartas del Nuevo Testamento llamadas "católicas" o universales (Santiago, 1-2 Pedro, 1-2-3 Juan y Judas) y el Apocalipsis. Los estudiosos consideran a este último como parte de los "escritos joánicos" (en sentido amplio, dado que se inserta en la tradición joánica, la cual incluye al Evangelio y las tres cartas de Juan). No obstante lo anterior, con frecuencia los manuales colocan al Apocalipsis junto con las Epístolas universales, pues aunque se trate de escritos de índole bastante diversa, tienen una temática y problemática similares. Así, por ejemplo, se encontrará con cierta frecuencia el tema de los falsos profetas o maestros y sus ideas erróneas, los cuales causaban inquietud y confusión en algunas comunidades cristianas; otro tema son las dificultades afrontadas por los cristianos en tiempos de persecución; o la problemática en torno a la segunda venida de Jesús.

El volumen se organiza en doce lecciones, seis de ellas dedicadas a las Epístolas universales y seis al Apocalipsis. Siguiendo la metodología de los manuales bíblicos de Libros Liguori, las unidades se dividen en su mayoría en una sección de estudio en grupo y otra para el estudio individual. Las preguntas de repaso ayudan a asimilar los elementos más significativos de cada libro, recordar algunas de sus problemáticas específicas o bien a suscitar una reflexión que lleve a profundizar en algún tema.

Dado el carácter más bien pastoral de la presente colección, para un estudio más detallado de los elementos y argumentos difíciles que este bloque de textos presenta, muchos de los cuales permanecen abiertos, se sugiere consultar comentarios y estudios especializados. En la medida de lo posible, sin embargo, se ha buscado ofrecer una visión equilibrada sobre dichos argumentos, tomando en cuenta las aportaciones más recientes de la ciencia exegética y de la tradición eclesial.

Las breves guías para la *lectio divina* deben ser consideradas en conjunto con su respectivo texto bíblico y la guía de estudio. Su finalidad es actualizar el mensaje bíblico del texto estudiado, conforme a sugerencias para su interpretación y siguiendo lo que el Espíritu Santo ilumine al lector creyente. Con lo anterior, los criterios de la Palabra inspirarán al alma orante y modelaran su obrar conforme al querer de Dios.

UN MÉTODO PARA LA *LECTIO DIVINA*

Libros Liguori ha diseñado este estudio para que sea fácil de usar y aprovechar. De cualquier forma, las dinámicas de grupo y los líderes pueden variar. No tratamos de controlar la labor del Espíritu Santo en ustedes, por eso les sugerimos que decidan de antemano qué metodología funciona mejor para su grupo. Si están limitados de tiempo, pueden hacer el estudio en grupo y la oración y la reflexión después individualmente.

De cualquier forma, si tu grupo desea ahondar en la Sagrada Escritura y celebrarla a través de la oración y el estudio, les recomendamos dedicar alrededor de noventa minutos cada semana para reunirse, de forma que puedan estudiar y orar con la Escritura. La *lectio divina* (ve la página 8) es una antigua forma de oración contemplativa que lleva a los lectores a encontrarse con el Señor usando el corazón y no solo la cabeza. Recomendamos vivamente usar este tipo de oración, tanto en el estudio individual como en el de grupo.

METODOLOGÍAS PARA EL ESTUDIO EN GRUPO

1. Estudio bíblico con *Lectio Divina*

Alrededor de noventa minutos

- ✠ Reunirse y recitar la oración inicial (3 -5 minutos).
- ✠ Leer el pasaje de la Escritura en voz alta (5 minutos).
- ✠ Lectura en silencio del comentario y preparación para discutirlo en grupo (3-5 minutos).
- ✠ Discutir el pasaje de la Escritura junto con el comentario y la reflexión (30 minutos).
- ✠ Leer el pasaje de la Escritura en voz alta por segunda vez, seguido de un momento de silencio para la meditación y contemplación personal (5 minutos).
- ✠ Dedicar un poco de tiempo a orar usando el pasaje elegido. Los miembros del grupo leerán lentamente el pasaje de la Escritura por tercera vez, atentos a la voz de Dios mientras leen (10-20 minutos).
- ✠ Compartir con los demás las propias luces (10-15 minutos).
- ✠ Oración final (3-5 minutos).

2. Estudio bíblico

Alrededor de una hora

- ✠ Reunirse y recitar la oración inicial (3 -5 minutos).
- ✠ Leer el pasaje de la Escritura en voz alta (5 minutos).
- ✠ Lectura en silencio del comentario y preparación para discutirlo en grupo (3-5 minutos).
- ✠ Discutir el pasaje de la Escritura junto con el comentario y la reflexión (40 minutos).
- ✠ Oración final (3-5 minutos).

Notas para el líder

- Lleva una copia de la Biblia de Jerusalén versión latinoamericana © 2007, Editorial Desclée de Brower u otra que te ayude.
- Haz un programa con las lecciones que verán cada semana.
- Prelee el material antes de cada clase.
- Establece algunas normas escritas básicas (por ejemplo: las clases duran solo noventa minutos; no se puede acaparar el diálogo discutiendo o polemizando, etc.).
- Ten las clases en un lugar apropiado y acogedor (algún salón de la parroquia, una sala de reuniones o una casa).
- Usen gafetes con los nombres de los participantes y organiza alguna actividad en la primera clase para romper el hielo; pide a los participantes que se presenten al grupo.
- Pon previamente separadores en los pasajes de la Escritura que van a leer durante la sesión.
- Decide cómo quieres que se lea la Escritura en voz alta durante las clases (uno o varios lectores).
- Usa un reloj de pared o de pulso.
- Ten algunas Biblias extra (o fotocopias de los pasajes de la Escritura) para aquellos participantes que no lleven Biblia.
- Pide a los participantes que lean las introducciones correspondientes antes de la sesión. Entre las páginas 18 y 22 encontrarás las introducciones correspondientes a los estudios de los distintos libros que conforman las Epístolas universales y en la página 23 encontrarás la introducción al estudio del libro del Apocalipsis.
- Di a los participantes qué pasajes van a estudiar y motívalos a leerlos antes de la clase; también invítalos a leer el comentario.
- Si optas por utilizar la metodología con *Lectio divina*, familiarízate tú primero con esta forma de orar.

Notas para los participantes

✠ Lleva tu propia copia de la Biblia de Jerusalén, versión latinoamericana © 2007, Editorial Desclée de Brower u otra que te ayude.

✠ Lee la introducción correspondiente antes de la sesión. Entre las páginas 18 y 22 encontrarás las introducciones correspondientes a los estudios de los distintos libros que conforman las Epístolas universales y en la página 23 encontrarás la introducción al estudio del libro del Apocalipsis.

✠ Lee los pasajes de la Escritura y el comentario antes de cada sesión.

✠ Prepárate para compartir tus reflexiones con los demás y para escuchar las opiniones de los demás con respeto (no es un momento para discutir o hacer un debate sobre determinados aspectos de la fe).

Oración inicial

Líder: Dios mío, ven en mi auxilio.

Respuesta: Señor, date prisa en socorrerme.

Líder: Gloria al Padre, y al Hijo, y al Espíritu Santo...

Respuesta: como era en el principio ahora y siempre por los siglos *de* los siglos. Amén.

Líder: Cristo es la vid y nosotros los sarmientos. Como sarmientos unidos a Jesús, la vid, estamos llamados a reconocer que las Escrituras siempre se han cumplido en nuestras vidas. Es la Palabra viva de Dios que vive en nosotros. Ven Espíritu Santo, llena los corazones de tus fieles y enciende en nosotros el fuego de tu divina sabiduría, conocimiento y amor.

Respuesta: Abre nuestras mentes y corazones mientras aprendemos *sobre* el gran amor que nos tienes y que nos muestras en *la* Biblia.

Lector: (Abre tu Biblia en el texto de la Escritura asignado y léelo con calma y atención. Haz una pausa de un minuto, buscando aquella palabra, frase o imagen que podrías usar durante la *lectio divina*).

Oración final

Líder: Oremos como Jesús nos enseñó.

Respuesta: Padre Nuestro...

Líder: Señor, ilumínanos con tu Espíritu mientras estudiamos tu Palabra en la Biblia. Quédate con nosotros este día y todos los días, mientras nos esforzamos por conocerte y servirte, y por amar como Tú amas. Creemos que a través de tu bondad y amor, el Espíritu del Señor está verdaderamente sobre nosotros. Permite que las palabras de la Biblia, tu Palabra, tomen posesión de nosotros y nos animen a vivir como Tú vives y a amar como Tú amas.

Respuesta: Amén.

Líder: Que el auxilio divino permanezca siempre con nosotros.

Respuesta: En el nombre del Padre, y del Hijo, y del Espíritu Santo. *Amén.*

Epístolas Universales

SANTIAGO, PEDRO 1-2, JUAN 1-2-3 Y JUDAS

Leer esta introducción general antes de la primera sesión.

En la Iglesia primitiva, muchos de los autores del Nuevo Testamento escribieron cartas colectivas a los que compartían con ellos la fe en Jesucristo, instruyéndoles o animándoles en su fe. Los escritos más conocidos de este género son las cartas de san Pablo, que en su mayoría estaban dirigidas a comunidades de lugares concretos, con sus características y problemáticas propias y de las cuales recibieron el nombre (por ejemplo, las cartas a los Corintios). Pablo escribió también en algunos casos a individuos concretos, como por ejemplo, Timoteo. En el Nuevo Testamento encontramos también escritos dirigidos a individuos concretos, pero que personifican a una categoría de personas. Tal parece ser el caso de Teófilo, a quien el evangelista Lucas dedica sus dos obras (Evangelio y Hechos): aun tratándose de un individuo concreto, este puede ser visto como representante del lector cristiano de su época, así como de las generaciones sucesivas.

Bajo el título de Epístolas universales o "católicas" se comprenden siete escritos del Nuevo Testamento: una carta atribuida a Santiago, dos cartas a Pedro, tres a Juan y una a Judas. Notamos de inmediato que las cartas en cuestión derivan su nombre particular, no del destinatario de las mismas, sino del autor al que se le atribuye el origen. El adjetivo de "católicas" que dichas cartas han recibido, se deriva del significado etimológico de la palabra, la cual quiere decir simplemente "universal". De hecho, dichas cartas están destinadas, no a una comunidad o individuo en particular, sino al conjunto de Iglesias de una determinada área o en otros casos, simplemente a la comunidad creyente en general, designada por medio de una expresión simbólica.

Así, por ejemplo, el autor de la Carta de Santiago, dirige su escrito a las "doce tribus de la dispersión", expresión genérica que parece designar a los cristianos esparcidos por el mundo conocido de entonces. El autor de 1 Pedro escribe a Iglesias del Asia Menor, mientras el de la 2 Pedro se dirige a "los que por la justicia de nuestro Dios y Salvador Jesucristo les ha cabido en suerte una fe tan preciosa como la nuestra" (2 Pe 1:1). En la primera carta de Juan, el autor no dirige su carta a nadie en particular, sino que se refiere a sus lectores como "hijos míos" (cf. 1 Jn 2:1). La segunda carta de Juan está dirigida a la "Señora elegida y a sus hijos" (cf. 2 Jn 1:1), que muchos comentaristas identifican con la Iglesia y los cristianos. Y el autor de la carta de Judas se dirige a sus destinatarios como "a los que han sido llamados, amados de Dios Padre y guardados para Jesucristo" (cf. Jds 1:1).

Durante cierto tiempo, la Iglesia primitiva tuvo reticencias para incluir estas cartas en el Nuevo Testamento, debido a una duda muy difundida sobre la autenticidad de sus autores (es decir, si habían sido escritas realmente por los autores que se decía). Dicha duda estaba fundada en la suposición de que las Escrituras auténticas serían aquellas cuyos autores habrían sido seguidores inmediatos de Jesucristo, que lo hubiesen encontrado durante sus viajes o en algún otro momento de su vida terrena. Con el paso del tiempo, la Iglesia comprendió que la aceptación de un escrito como venido de la tradición apostólica no debería depender tanto del nombre del autor cuanto de su fidelidad a las enseñanzas del Depósito de la fe, cuyo nombre llevaba. De este modo, por ejemplo, ya no era tan importante si las cartas de Juan había sido escritas efectivamente por el apóstol, cuanto el hecho de que estas presentasen una doctrina conforme con las enseñanzas de este apóstol.

Así, para finales del siglo IV e inicios del V, las Iglesias de Oriente y Occidente aceptaron las cartas que hoy llamamos católicas o universales como parte de las Escrituras reveladas.

Santiago

El tema principal del libro es la conquista de la tierra de Canaán por Josué y su ejército; narra las batallas y dificultades afrontadas durante la conquista, la división de la tierra entre las doce tribus y la renovación de la Alianza. Una de las dificultades que encuentran los lectores modernos al afrontar este libro es el "anatema" o exterminio al que una ciudad conquistada debía ser sometida. Esto significaba que la ciudad debía destruirse totalmente y después ser entregada a las llamas. La finalidad de esta acción era hacer que el nombre de esa localidad quedara borrado totalmente. Dicho procedimiento, común en todo el Medio Oriente antiguo, tenía además en el caso de Israel una clara connotación religiosa, tratando de ahorrar a los israelitas cualquier tentación de adorar a los dioses del pueblo conquistado.

Aunque el libro de Josué da la impresión de que los israelitas conquistaron la Tierra Prometida de manera rápida y exitosa, el libro de los Jueces y los libros que siguen muestran que en realidad aún tuvieron que luchar por largo tiempo contra los habitantes originarios de esa tierra. La tierra de Canaán estaba formada por varios pequeños reinos con sus respectivos ejércitos. La conquista exigiría un largo período de luchas, antes de que los israelitas pudiesen obtener una amplia porción del territorio.

El autor de la carta de Santiago se presenta a sí mismo como siervo de Dios y de Jesucristo, que nos hace pensar en un representante oficial de la Iglesia. En el Nuevo Testamento encontramos varios individuos con el nombre de Santiago. Ante todo, dos de los apóstoles (cf. Mt 10:16-19) y luego un Santiago, "hermano del Señor" (en el sentido de pariente, cf. Mt 13:55; Mc 6:3; Hch 12:17; 15:13; 1 Cor 15:7; Gl 2:9.12). Este último Santiago fue el guía de la Iglesia de Jerusalén después de la partida de Pedro (cf. Hch 21:18).

La tradición posterior, así como la mayoría de los estudiosos modernos, coinciden en vincular las enseñanzas de la carta a este Santiago. El escrito, que se asemeja más a un sermón que a una carta, consiste en una serie de exhortaciones, cuyos temas principales son la paciencia en las pruebas, la fe viva que se manifiesta en obras concretas, sobre todo de ayuda fraterna, el control de la lengua y la eficacia de la oración.

Pedro 1-2

El autor de 1 Pedro se presenta a sí mismo como Pedro, apóstol de Jesucristo. La carta fue recibida sin dificultades en la Iglesia primitiva como siendo de autoría del Príncipe de los Apóstoles, quien la envía desde Roma (referida como "Babilonia", en 5:13) y para cuya redacción se apoyó en Silvano, "hermano fiel" (cf. 5:12). La finalidad de la epístola es fortalecer la fe de sus destinatarios en medio de las pruebas y animarles a sufrir con paciencia teniendo a Cristo como modelo.

Visto que la Segunda carta de Pedro parece conocer varios de los escritos del Nuevo Testamento, entre ellos la Primera carta de Pedro y algunas cartas de san Pablo, los comentaristas atribuyen la autoría de este escrito a un autor diverso del de 1 Pedro, que vivió en un periodo posterior. La carta procura corregir la duda sobre la segunda venida de Cristo y las enseñanzas de falsos maestros.

Juan 1-2-3

Los tres escritos que la tradición ha llamado "cartas de Juan", parecen ser obra de al menos dos autores diversos. En la Primera de Juan no encontramos el tradicional saludo epistolar, con la explícita mención del remitente; la segunda y la tercera son obra de un solo autor, el cual se llama a sí mismo simplemente "el presbítero". Sin embargo, sin necesidad de mucha argumentación, se puede fácilmente notar la semejanza de vocabulario y temática con el Evangelio de Juan. Lo más seguro es que dichos escritos nacieran en ambientes que tenían un estrecho vínculo con las enseñanzas del apóstol Juan.

El tema central de 1 Juan es la unión íntima que existe entre nuestro estado de hijos de Dios y la rectitud de nuestra vida moral, considerada como fidelidad al doble mandamiento de la fe en Jesús y del amor al prójimo (cf. 1 Jn 3:23-24). Las Segunda y Tercera cartas de Juan se centran en el tema de la verdad, el cual hace referencia específica a la verdad de fe de Jesucristo como Hijo de Dios hecho hombre. Esta verdad estaba siendo negada por falsos maestros.

Judas

La carta de Judas tiene apenas veinte y cinco versículos. El autor se presenta como "hermano de Santiago". El nombre Judas es mencionado junto al de Santiago "hermano del Señor" en Mt 13:55 y Mc 6:3. El autor demuestra notable conocimiento de los escritos judaicos más allá de las Escrituras, lo cual puede indicar su pertenencia o procedencia de un ambiente culto. Su intención principal consiste en estigmatizar a los falsos maestros que han surgido entre los cristianos y que con sus errores de doctrina, propagan también desviaciones de comportamiento. Los versículos 4-16 de Judas presentan un contenido y estilo semejante al de 2 Pedro 2:1-18, aunque es difícil determinar la causa de dicha relación. Posiblemente se debe a las difusas problemáticas de las comunidades primitivas, en este caso específicamente aquella de los falsos maestros, muchos de ellos surgidos de entre personas que se decían cristianos, pero que solo lo eran de nombre.

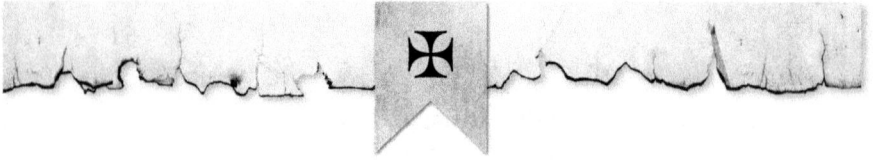

Apocalipsis

En diversas circunstancias a lo largo de la historia, el recurso a los mensajes en código fue utilizado. No solo. Es una praxis bastante difundida el valerse del lenguaje cifrado cuando se desea comunicar algo que otros no deben entender. En este modo de proceder, las palabras comunes y las imágenes conocidas por todos pueden tener un doble significado o incluso un sentido opuesto al que normalmente tienen. Los mensajes en código fueron utilizados especialmente en tiempos de persecución o de guerra, para dar instrucciones, aliento, para alertar o informar de algo. El modo correcto de entenderlos no era tomándolos al pie de la letra.

Un mensaje en código para los cristianos perseguidos

La historia de Palestina en los siglos anteriores a la venida de Jesucristo fue una historia de gran agitación para el pueblo judío. Desde la muerte de Alejandro Magno en 323 a.C., la fe del pueblo de Dios pasó por diversas pruebas, a causa del proceso de helenización (imposición de la cultura Griega) de parte los líderes bajo cuyo dominio se encontró la tierra de Israel. En 167 a.C. los judíos se rebelaron y después de veinticinco años de amargas luchas y grandes pérdidas, conquistaron su independencia en 142 a.C.

No obstante esto, las luchas internas que se siguieron debilitaron mucho a la nación y le causaron una nueva pérdida de libertad. Cerca del 67 a.C. una dura disputa entre dos individuos que aspiraban al liderazgo de la Judea llevó al más débil a buscar ayuda en Roma. De este modo, en el año 63, Pompeo, general del ejército romano, marchó contra Judea y la conquistó fácilmente, anexándola al Imperio Romano. Los mismos romanos escogieron al sumo sacerdote de entre los judíos, lo cual hizo la posición del sumo sacerdote equivalente a la de un gobernador de provincia y un títere en manos del poder imperial.

Los romanos controlaban su vasto imperio, no solo a través de la fuerza militar, sino también por medio de la imposición de sus creencias y de la adoración al emperador. Un pueblo que compartiese las mismas creencias que Roma sería menos propenso a la revuelta, especialmente cuando uno de los dioses de su panteón era el mismo emperador. Visto que dar culto a los dioses romanos no significaba de por sí que una nación tenía que abandonar a sus propios dioses, sino simplemente añadir a los dioses de Roma al propio panteón, las autoridades romanas consideraron que dicha imposición no representaría alguna dificultad particular.

Sin embargo, los romanos pronto descubrirían que en el caso del pueblo judío la situación era diversa, dado que daban culto a un único Dios. El rechazo de los judíos de incluir a las divinidades romanas en su culto al único Dios de Israel, llevó a una larga y a veces sangrienta lucha. Roma finalmente permitió a Israel seguir con su monoteísmo, situación que se prolongó durante el primer siglo, en la Palestina del tiempo de Jesús. Solamente la nación judía gozó de tal privilegio.

Inicialmente, Roma vio a los primeros seguidores de Jesús como judíos y les permitió seguir con su culto al Dios único. Pero con el paso del tiempo, cuando los seguidores de Jesús rechazaron el liderazgo de las autoridades judías de Jerusalén, Roma empezó a darse cuenta de que había notables divergencias de credo entre los judíos observantes y los seguidores de Jesús. Con eso Roma dejó de incluir a los cristianos en la misma categoría de los judíos e intentó imponer a la fuerza sus creencias. Hacia finales siglo I, los cristianos de Roma empezaron a sufrir duras persecuciones y necesitaron de un constante apoyo para perseverar en la fe.

Juan, el "vidente" de Patmos

El autor del libro del Apocalipsis se identifica a sí mismo como "Juan", siervo de Jesucristo, pero su identidad sigue siendo un misterio. Aunque hacia mediados del siglo II, varios escritores identificaron a este "Juan" con el apóstol Juan, hijo de Zebedeo, otros se rehusaron a creer que el escrito había sido obra suya. Aunque el Evangelio y las cartas presentan cierta semejanza de estilo, temática y lenguaje, el libro del Apocalipsis difiere significativamente de ellos. Son pocos los comentaristas que, en nuestros días, consideran que se trata de un solo autor para las tres obras. Quienquiera que haya sido dicho autor, lo que sí se puede concluir a partir de la evidencia interna que el libro ofrece, es que este era un conocido maestro de la Iglesia primitiva, quien ejerció algún oficio de autoridad o bien era altamente respetado por otros motivos. Sobre la cuestión del autor del Apocalipsis se sugiere la lectura de la catequesis del Papa Benedicto XVI, del 23 de agosto de 2006.

Juan, el autor del Apocalipsis, a quien el Papa en su catequesis llamaba "el vidente de Patmos", intentó con su escrito ofrecer a los cristianos perseguidos de su tiempo la esperanza y ánimo que necesitaban. Valiéndose del género literario apocalíptico, con su lenguaje cargado de imágenes y símbolos, ya presentes en varios escritos del Antiguo Testamento, Juan ofrecía su mensaje en un libro cifrado, pero ciertamente comprensible a sus destinatarios. El libro no lo podían comprender los romanos, bajo los cuales los cristianos sufrían la persecución.

Se piensa que Juan escribió el libro del Apocalipsis hacia los últimos años del reinado del emperador Domiciano (81-96 d.C.). El despiadado Emperador, inicialmente tolerante del Cristianismo según un historiador del cuarto siglo, inició una horrenda persecución hacia finales de su reinado. Su mensaje era que, no obstante el aparente poder del mal, este se encontraba también bajo el dominio de Dios, quien lo permitía y que cuando lo decidiese, podía ponerle fin.

Características de la literatura apocalíptica

La así llamada literatura apocalíptica echa sus raíces en partes de la profecía post-exílica (como Ezequiel 40-48; Isaías 56-66 y Zacarías 9-14). Tuvo su origen, por tanto, en contextos de persecución y sufrimiento a causa de la fe. Como una tipología específica de literatura, parece haber florecido predominantemente en ámbito judío y luego cristiano, entre el siglo IV a.C. y el III d.C.

El término "apocalipsis" viene del griego y significa revelación o desvelamiento. La literatura religiosa apocalíptica consiste en una narración que describe de forma visiva una revelación dada por Dios. Un agente escogido por Dios dice recibir un mensaje secreto a través de visiones, sueños y "viajes" al más allá, cuya explicación es mediada por un ángel (indicando así que dicho mensaje divinamente revelado solo es inteligible con una ayuda sobrenatural).

Su enseñanza en términos generales es que el aparentemente invencible poder del mal será en su momento derrotado por Dios. Así, un tema central de la literatura apocalíptica es que Dios tiene todo "bajo control". Nada ni nadie es más poderoso que Dios. A su tiempo Dios destruirá el poder del mal y salvará a sus fieles. Los justos entonces participarán de una vida nueva y gloriosa.

El término apocalipsis suscita normalmente el pensamiento de terribles acontecimientos cósmicos que tendrán lugar al final de los tiempos. Es verdad que el lenguaje de este tipo de literatura habla de guerras y terremotos, cuerpos celestes (sol, luna y estrellas) cayendo del cielo y una espléndida acción de Dios. Sin embargo, este tipo de lenguaje necesita ser interpretado en su particular contexto literario (precisamente el apocalíptico) y no debe ser tomado al pie de la letra. Se está hablando de un mundo en agitación a nivel espiritual y no físico.

La literatura apocalíptica tiene sus raíces en antiguos mitos y creencias sobre las estructuras del mundo, la poesía, profecía e historia, así como otras formas de literatura. Los autores de este tipo de literatura escribían sobre eventos presentes, aun cuando procuraban ofrecer esperanza para el futuro. Precisamente ofreciendo una segura interpretación de una determinada situación presente, exhortaban a la fidelidad a Dios y abrían el ánimo de sus lectores a la esperanza de un porvenir glorioso.

Aunque esta literatura hable sobre el fin de los tiempos, la expresión es una forma de subrayar la renovación profunda de la historia como obra de Dios.

Características del libro del Apocalipsis

El Apocalipsis de Juan se vale de símbolos e imágenes antiguos encontrados ya en otros escritos de carácter apocalíptico como, por ejemplo, algunas partes del libro de Ezequiel, Isaías, Zacarías y Daniel. Además se sirve de mitos, símbolos y expresiones de la literatura profética e histórica para difundir su mensaje por el Imperio Romano sin que las autoridades del Imperio puedan comprenderla. Nombres personales y de lugares, números, colores, objetos, etc., son cifras simbólicas a través de las cuales el autor trasmite su mensaje. Así, por ejemplo, el término "Babilonia" en el Apocalipsis, que evoca la capital del antiguo imperio que dominó sobre Judá durante el siglo VI a.C. y que llevó a gran parte de su población al exilio, es utilizado simbólicamente para significar la capital Roma o bien la totalidad del Imperio Romano.

Aunque Juan escribe como si estuviera recibiendo su mensaje a través de visiones de Cristo y de los ángeles, es importante que el lector tenga siempre presente que el autor se está valiendo de un modo específico de narrar. La genialidad del Apocalipsis y literatura afín está en la habilidad para presentar su mensaje como si el transmisor del mismo estuviera realmente viviendo los eventos que describe.

Como otros escritos de su género, el Apocalipsis no tiene la intención de predecir eventos futuros que indicarían el fin del mundo para las generaciones siguientes. El libro busca ofrecer esperanza a sus destinatarios que vivían en tiempos de dura persecución. Su mensaje, sin embargo, va más allá de su propio contexto histórico, en cuanto que sigue recordando a los lectores sucesivos que Dios tendrá siempre el control de las situaciones, aun cuando el mal parezca prevalecer a veces. En este sentido el libro no es un texto catastrófico, no obstante el mal uso que se hizo de él muchas veces a los largo de los siglos.

Los cristianos creemos que el Apocalipsis enseña un mensaje inspirado por Dios y no que sea una presentación histórica de los eventos descritos. Transmite un mensaje, no para "informar" (sobre acontecimientos que deben venir), sino para ayudar a interpretar la historia que se vive en el tiempo presente y de cómo obrar en consecuencia. Las lecciones del presente estudio bíblico dedicadas a este escrito quieren ser una ayuda en el esfuerzo por descifrar el mensaje, en la medida de lo posible, que Juan, el "vidente de Patmos", intentaba comunicar a sus lectores.

Pongan por obra la palabra

SANTIAGO 1–2:13

"Hablen y obren tal como corresponde a los que han de ser juzgados por la Ley de la libertad. Porque tendrá un juicio sin misericordia el que no tuvo misericordia; la misericordia se siente superior al juicio" (Sant 2:12–13).

Oración inicial (Ver p. 15)

Contexto

En una situación histórica en la que no faltan pruebas y tentaciones a sus destinatarios, y en la que los hermanos más pobres sufren a causa de los ricos, el autor de la Carta de Santiago anima a sus lectores a perseverar en sus esfuerzos por la santidad y a pedir el don de sabiduría con una fe confiada. Los pobres que son fieles a Dios son ricos a sus ojos; las tentaciones ayudan a la vida santa, pues Dios no permite que seamos tentados por encima de nuestras fuerzas; un tema constante en la carta es que la santidad no viene por conocer la Palabra de Dios, sino por vivirla. Invita a la generosidad para ayudar a los huérfanos y las viudas; a ser imparciales en el trato recíproco.

PARTE 1: ESTUDIO EN GRUPO (SANTIAGO 1-2:13)

Leer en voz alta Santiago 1-2:13

Un siervo de Dios (Sant 1:1)

De la primera línea de la carta es interesante notar que el autor de nombre Santiago, no se presenta a sí mismo como apóstol de Jesucristo, como hace Pablo por ejemplo (cf. Rom 1:1; 1 Cor 1:1; etc.). Se autodefine como "siervo de Dios y del Señor Jesucristo".

En el Antiguo Testamento, el título de siervo del Señor fue dado a tres importantes protagonistas de la historia sagrada: Moisés, Josué y David (cf. Dt 34:5; Jos 24:29; Sal 18:1). Los discípulos del Nuevo Testamento hablan de sí mismos como esclavos o siervos del Señor (cf. Col 1:7; 4:7.12; 1 Tim 4:6; Ap 1:1). Recordamos de modo especial a María (cf. Lc 1:38). El titulo era al mismo tiempo señal de servicio y de honor. Pablo se denomina a sí mismo también como siervo de Jesucristo (cf. Rom 1:1; Tit 1:1). El apelativo indica una vida totalmente dedicada al servicio del Señor.

Santiago escribe su carta a "las doce tribus de la Dispersión" (1:1). La expresión tiene sus raíces en la historia de Israel, específicamente en los dos procesos de exilio y dispersión, sufridos por las "doce tribus de Israel", por parte de asirios y babilonios (en 722 y 587 a.C. respectivamente). Aunque a las tribus del sur les fue dada la posibilidad de regresar a Israel años más tarde, muchos israelitas decidieron quedarse en los lugares donde se habían establecido, dando origen a las diásporas hebreas existentes hasta nuestros días. En los tiempos de Jesús, las dos más conocidas eran las diásporas de Babilonia y Egipto, a las cuales luego se añadió también la de Roma.

Los judíos de la dispersión procuraban mantener su fe y costumbres, casarse entre ellos, aunque el vivir en ambientes culturales y religiosos diversos implicaba no poca aceptación de elementos ajenos, bajo pena de exclusión y gueto (como la lengua por ejemplo). Dichas comunidades hebreas fuera de la Palestina, en muchos casos ya no hablaban más el hebreo, sino que habían aprendido la lengua y costumbres de los griegos, aun sin abandonar completamente los propios orígenes.

La dispersión ofreció una oportunidad a los misioneros de la Iglesia primitiva para difundir la fe del Evangelio entre los judíos de la dispersión, muchos de los cuales se convirtieron a Cristo (cf. Jn 7:35). Ellos conocían la fe del Antiguo Testamento y muchos de ellos vivían a la expectativa de la llegada de un Mesías.

Los primeros seguidores de Cristo se identificaban a sí mismos como "nuevo Israel". Así que la expresión usada por el autor de la carta de Santiago puede querer significar a todos los cristianos, el nuevo Israel, es decir, el que vivía fuera del territorio de la Palestina. Los Hechos de los Apóstoles nos cuentan que las persecuciones que sufrieron los primeros cristianos, tuvieron como efecto positivo precisamente la expansión de la doctrina de Cristo a otras tierras (cf. Hch 8:11; 11:19).

Perseverancia en la tentación (Sant 1:2-11)

En esta sección, como a lo largo de toda la carta, el autor se sirve de palabras clave para pasar de un tema al otro. En primer lugar habla de pruebas y tentaciones; luego de aguante en la persecución y finalmente sobre la perfecta perseverancia. Recuerda a sus lectores que aunque tendrán que soportar pruebas, deben alegrarse considerándolas como oportunidades para probar la propia fe. Las pruebas a las que se refiere el autor son más las dificultades diarias que el cristiano tenía que enfrentar que a una situación particular de persecución. La fiel resistencia en las pruebas deja como fruto la paciencia.

"Perseverancia" se convierte así en la palabra clave para la siguiente reflexión. Así como las pruebas ofrecen oportunidades de crecimiento, así la perseverancia ofrecerá la oportunidad de perfeccionamiento. La perfección de que se habla en esta sección tiene que ver con la maduración en la vivencia de la fe, por medio de la constancia y de la resistencia, más que con la ausencia de fallos.

Sabiduría es la palabra clave para la siguiente idea. A los que carecen de la sabiduría, el autor les ofrece una palabra de ánimo, urgiéndoles a pedirla como un don que viene de Dios, el cual la regala generosa y desinteresadamente a los que se la piden con fe. Dicha sabiduría no se refiere a la sabiduría humana, fruto del conocimiento y estudio, sino en sentido bíblico, al conocimiento que viene de Dios y que lleva al correcto discernimiento. El creyente la debe pedir con fe, sin dudar. Jesús dijo: "Por eso les digo: todo cuanto pidan en la oración, crean que ya lo han recibido y lo obtendrán" (Mc 11:24). Dios está siempre disponible para dar la verdadera sabiduría a los que se la pidan con fe.

El autor compara a la persona que duda con las olas del mar agitadas por el viento. Dado que tales personas son indecisas e instables como el mar agitado, estas no pueden esperar recibir nada de parte del Señor. Aunque buscan la sabiduría, carecen de la confianza y de la fe en que Dios se la puede dar.

A continuación el autor compara al pobre y al rico. El pobre puede jactarse de su modesta condición porque esta le da una alta posición delante de Dios. El rico, por el contrario, que pone su seguridad en sus riquezas, que vive envuelto en sus proyectos mundanos, no tiene razones para presumir, pues su camino no dura más que la flor del campo, que al calor del sol se seca y se marchita. La imagen se presenta como una admonición para aquellos que ponen su seguridad en sus riquezas.

La corona de la vida (Sant 1:12–18)

El versículo 12 retoma el tema de las pruebas que aparece al inicio del escrito: aquel que permanece fiel en la prueba recibirá la "corona de la vida" prometida por el Señor a los que le aman. La expresión "corona de la vida" se refiere a la justa recompensa que Dios dará a los que le son fieles, es decir, la vida eterna (cf. 1 Cor 9:25; 1 Pe 5:4; Ap 2:10). Este mensaje nos recuerda el de las bienaventuranzas (cf. Mt 5:11-12).

Aunque el autor busca enfatizar el lado positivo de la tentación, al mismo tiempo insiste en que esta no puede venir de Dios. La tentación, según él, proviene de la concupiscencia ínsita en el hombre. Por concupiscencia podemos entender los malos deseos e inclinaciones que surgen en el hombre y lo llevan al pecado, y por el pecado a la muerte. Por medio de la metáfora de la concepción y del nacimiento, el autor contrapone la vida que se promete a los fieles de Dios y la muerte que el pecado engendra (cf. Rom 6:23).

Y para reforzar su reflexión de que el Señor no puede ser la fuente de la tentación y de la muerte, el autor afirma que toda dádiva buena y todo don perfecto vienen de lo alto, del "Padre de las luces". La expresión "Padre de las luces" aquí usada es única en toda la Escritura y parece indicar a Dios en cuanto Creador, cuyo primer regalo bueno a los hombres fueron precisamente las luces del cielo (cf. Gn 1:3.14). Pero a diferencia de los luceros celestes, que pueden eclipsarse y oscurecer, el Dador de todo bien no conoce jamás oscuridad alguna: es todo luz (cf. 1 Jn 1:5). El Dios bueno nos ha llamado a la existencia por libre voluntad suya, por medio de su Palabra de verdad. Como cristianos somos los primeros frutos de la nueva creación de Dios en Cristo resucitado.

Poned por obra la Palabra (Sant 1:19-27)

En este segmento el autor comparte algunos consejos prácticos de cómo vivir la fe. En primer lugar, dice que los cristianos deben ser prontos a oír, pero lentos en hablar y lentos a la ira. La escucha se refiere en primer lugar a la escucha de la Palabra de Dios a la que todo cristiano debe estar siempre pronto. El tema de la prudencia en el hablar será retomado en 1:26 y desarrollado ampliamente en 3:1-12 donde el autor dirá que "si alguno no cae al hablar, es varón perfecto, capaz de refrenar todo su cuerpo" (3:2). Muchas veces nos equivocamos en nuestras consideraciones por precipitarnos al hablar, comentar, dar nuestra opinión. Nos damos cuenta además de que muchas veces el enojo, la ira, nuestro "¡cómo es posible!" al final hace más mal que bien. En este sentido el autor es categórico: la indignación del hombre no obra la justicia de Dios, es decir, con nuestra ira y enojo no traemos el bien de la verdadera justicia que viene de Dios y que quisiéramos que se actuara en las situaciones injustas.

A continuación el autor exhorta a sus lectores a desechar de la propia vida toda inmundicia y toda forma de mal. Y esto para que puedan hacerse tierra buena en la cual las semillas del Evangelio sembradas en ellos puedan fructificar al cien por ciento trayéndoles la salvación. Esta aceptación de la Palabra en la propia vida no consiste simplemente en oírla, sino sobre todo en ponerla por obra. Para hacer más clara su idea, el autor usa la imagen de una persona mirándose en el espejo. Aquel que simplemente escucha la Palabra, pero no la pone en práctica, es semejante a alguien que se mira en el espejo: apenas se gira ya se olvidó de cómo era su imagen. Jesús dijo: "Todo el que oiga estas palabras mías y no las ponga en práctica, será como el hombre insensato que edificó su casa sobre arena" (Mt 7:26). Oír la Palabra y no ponerla en práctica en la propia vida significa olvidarse de ella. La vivencia del Evangelio lleva al cristiano a la verdadera libertad, que es una gran bendición de Dios.

Retomando el tema del hablar, en el v.26 el autor vuelve a insistir en que uno que no sabe controlar su lengua, no puede considerarse una persona religiosa. Y concluye sus consideraciones introductorias recordando que la religión pura e intachable ante Dios Padre consiste en la vivencia de sus enseñanzas, especialmente del amor al prójimo. Retomando importantes enseñanzas del Antiguo y Nuevo Testamento (cf. Dt 26:12-13; Is 1:16-18; Tob 1:8; Ps 68:5; Jn 15:12), el autor menciona el cuidado de las viudas y de los huérfanos como expresiones privilegiadas de la caridad. Y termina la sección animando a los cristianos a no dejarse contaminar por el mundo (cf. Jn 15:18-19; 17:14-16).

El cristiano debe mostrarse imparcial (Sant 2:1–13)

En la siguiente parte de su exposición el autor habla enérgicamente contra la parcialidad entre los cristianos. Los que se adhieren a la fe en Jesucristo deben, como el Maestro, ser imparciales en el trato con sus hermanos. En el Evangelio de Mateo, Jesús afirma ante los discípulos de Juan que la gracia ha sido distribuida a todos por igual, pero especialmente a los más frágiles: "los ciegos ven y los cojos andan, los leprosos quedan limpios y los sordos oyen, los muertos resucitan y se anuncia a los pobres la Buena Nueva" (Mt 11:5).

El autor ilustra su enseñanza con el ejemplo del trato que un rico y un pobre podrían llegar a recibir en la asamblea cristiana. Y describe imaginariamente al cristiano rico, vestido con ropas finas y joyas, siendo invitado a ocupar un lugar de honor, mientras que al hermano pobre, que se viste de manera humilde, se le deja sin atención, dejándolo de pie u ocupando un lugar cualquiera. Y directamente interroga a sus oyentes si esto no significa proceder haciendo distinciones a partir de un juicio superficial (es decir, a partir del exterior y del estatus social del hermano).

La pregunta es retórica y la respuesta es obvia. Y sin explicitarla, el autor recuerda el lugar de los pobres a los ojos de Dios. Un cristiano pobre a los ojos del mundo, pero rico en fe y en confianza, ocupa un lugar especial ante de Dios y se hace heredero del Reino. A juzgar por la fuerte reprimenda que sigue en el v. 6, al parecer se daba la discriminación descrita anteriormente en algunas asambleas cristianas. Además, quien tiene muchos bienes materiales, puede dejarse llevar por la prepotencia y cometer injusticias contra los pobres. Con un comportamiento semejante se blasfema contra el nombre de Dios, es decir contra su bondad y generosidad.

Quien así procede está claramente obrando contra el mandamiento de Dios de amar al prójimo como a sí mismo, y por lo tanto se hace trasgresor de la Ley de Dios. En resumen, con su razonamiento el autor quiere recordar a sus lectores que toda forma de discriminación social y económica, es una trasgresión de la Ley de Dios (del amor al prójimo), como lo puede ser robar o cometer adulterio. Y el que trasgrede, aunque sea uno solo de los preceptos de la Ley, cae bajo la categoría de trasgresor de la Ley.

La reflexión sobre la ley, sirve de puente para la sección final del capítulo 2, que trata sobre la relación entre la fe y las obras. Gradualmente el autor llama la atención de sus oyentes sobre el hecho de que, el que cree en Dios, busca cumplir sus mandamientos, que se resumen en el amor a Dios y al prójimo. El cristiano será juzgado por la ley de la libertad, que es la ley del amor. Solamente una adhesión voluntaria a la Ley de Dios, por amor, es adecuada para asegurar la observancia de toda la Ley. Y así como Jesús en el Evangelio declaraba bienaventurados a los misericordiosos porque alcanzarían misericordia (cf. Mt 5:7), así también el autor de la carta de Santiago hace una reformulación en negativo, recordando que quien no obra con misericordia, será juzgado también sin misericordia. Porque todos seremos juzgados por la ley del amor.

Preguntas de repaso

1. ¿Qué quiere decir el autor de la carta al llamarse a sí mismo siervo de Dios y del Señor Jesucristo?

2. ¿Por qué deben los cristianos alegrarse al encontrarse con las diversas pruebas de la vida?

3. ¿Cómo promueve el autor de la carta la revalorización de las personas pobres?

4. Según Santiago, ¿puede Dios tentarnos?

5. ¿Cómo podemos poner por obra la Palabra y no ser meros oyentes de la misma?

6. Da algunos ejemplos de parcialidad que encontramos hoy en día en nuestra sociedad.

Oración final (Ver p. 16)

Hacer la oración final ahora o después de la lectio divina.

Lectio Divina (Ver p. 8)

Relájate y mantén una postura de oración (espalda recta, ojos cerrados, pies apoyados en el suelo). Este ejercicio puede durar cuanto gustes, pero en el contexto de este estudio bíblico, de 10 a 20 minutos deberían ser suficientes.

Las meditaciones que siguen se ofrecen para ayudar a los participantes a usar esta forma de oración, pero hay que considerar que la *Lectio* está pensada para conducirlos a un ambiente de contemplación orante, donde la Palabra de Dios habla al corazón de quien la escucha (ve la página 8 para más instrucciones).

Un siervo de Dios (Sant 1:1)

San Damián de Molokai (1840-1849) se ofreció a sí mismo como siervo de Dios y del Señor Jesucristo, dedicándose voluntariamente al servicio de los leprosos en una isla de Hawái, llamada Molokai. Aun consciente de que corría el riesgo de ser exiliado de su patria si contraía la enfermedad, que en su época era aún incurable, se entregó generosamente a predicar el Evangelio y a ejercer el ministerio entre estos hermanos sufrientes.

Cierto día, mientras tocaba el agua caliente, al ver que no sentía nada, se dio cuenta de que había contraído también la lepra. No obstante esto, olvidándose de sí mismo, siguió ayudando a sus hermanos leprosos en aquella colonia, hasta su muerte a la edad de cuarenta y nueve años. En breve, se hizo conocida en todo el mundo la hermosa historia de fe y amor al prójimo del padre Damián, inspirando a muchos a ofrecerse como voluntarios para servir y llevar consuelo a los hermanos leprosos de Molokai. Jesús nos dejó el ejemplo del servicio generoso a los hermanos, que el padre Damián supo imitar y hacer presente en su época, inspirando a tantos otros cristianos a seguir con generosidad las huellas del Maestro.

✠ *¿Qué más podemos aprender de este pasaje?*

Perseverancia en la tentación (Sant 1:2-11)

Cuando Jesús inició su ministerio, el Diablo lo tentó ofreciéndole todos los reinos del mundo con su gloria si se postraba y lo adoraba. Jesús rechazó con energía dicha tentación, afirmando con palabras de la Escritura que solo a Dios debemos adorar y a Él solo prestar culto (cf. Dt 6:13; Lc 4:5-8). Al ver hasta dónde el Cristianismo se ha esparcido por el mundo, nos damos cuenta de que, de hecho, con su renuncia a la oferta de Satanás, Jesús no ganó poder ni riquezas para sí, sino la salvación de todos los pueblos que libremente acogen su Evangelio.

San Francisco de Asís, siguiendo las huellas de Cristo, también nos ofrece un luminoso ejemplo de cómo se puede ganar el mundo poniendo los valores del Evangelio por encima de la riqueza que pasa. Viniendo de una familia rica, Francisco podía haber seguido un estilo de vida conforme a su condición; pero atraído por aquel que siendo rico se hizo pobre para enriquecernos con su pobreza (cf. 2 Cor 8:9), abandonó todo, haciéndose pobre con Cristo pobre y así enriqueció a muchos con su pobreza. Su testimonio atrajo y sigue atrayendo a muchos por el mismo camino, y la obra que fundó sigue realizando un bien inmenso, conquistando por siglos a miles de hombres y mujeres para la causa del Evangelio.

Santiago insiste en la sabiduría de la perseverancia en el servicio del Señor. Los bienes de este mundo pasan como la flor del campo, mientras que los que se dedican a la causa del Evangelio, dejan una huella imborrable de bien que jamás pasa.

✠ *¿Qué más podemos aprender de este pasaje?*

La corona de la vida (Sant 1:12-18)

Aunque en nuestra vida pasemos por innumerables pruebas y tentaciones, sabemos que el Señor jamás permite que seamos tentados más allá de nuestras fuerzas. La carta de Santiago insiste en que Dios solo es fuente del bien y que la tentación no viene de Él. El Señor la permite en nuestra vida para ayudarnos a crecer en la adhesión al bien y a la verdad, y así hacernos siempre más libres.

Debemos recordar que la tentación y la prueba son parte de nuestro camino como cristianos. Pero sobre todo, que el crisol de la prueba, si lo sabemos vivir con paz y confianza en Dios, será siempre un bien para nosotros, ayudándonos a crecer en la fe y en la adhesión al Señor.

✠ *¿Qué más podemos aprender de este pasaje?*

Pongan por obra la Palabra (Sant 1:19–27)

Jesús habló cierta vez de un padre que pidió a uno de sus hijos que fuera a trabajar a su viña. Este dijo que sí, pero no fue. A continuación se lo pidió al otro hijo, el cual respondió que no, pero luego se arrepintió y fue ayudar a su padre (cf. Mt 21:28-32). Y Jesús preguntó: ¿cuál de los dos hijos hizo el querer del padre? La respuesta era clara. A los ojos de Dios, no el que conoce su voluntad sino el que la cumple con amor es quien le agrada y quien se mantiene en el camino de la salvación (cf. Mt 7:21). Santiago, en línea con el Evangelio, nos invita a poner por obra la palabra y no quedarnos como meros oyentes de la misma.

✠ *¿Qué más podemos aprender de este pasaje?*

El cristiano debe ser imparcial (Sant 2:1-13)

En 1 Samuel leemos, en la historia de la unción de David, que el profeta Samuel hizo pasar a cada uno de los hijos de Jesé delante de sí, con el fin de identificar al elegido por Dios para ser rey de Israel. Al poner sus ojos en el primer muchacho, de nombre Eliab, de buena estatura y apariencia, Samuel pensó para sí que sería él el escogido; pero el Señor le dijo que no se guiara por las apariencias: los hombres ven la apariencia, Dios ve el corazón, lección de perenne validez (cf. 1 Sam 16:7). En línea con esta enseñanza, el autor de la Carta de Santiago llama la atención a sus oyentes para que no olviden que el cristiano no puede hacer distinciones en el trato, conforme al estatus social de un hermano. Todos los cristianos, tanto pobres como ricos, deben recibir el mismo trato en la comunidad.

✠ *¿Qué más podemos aprender de este pasaje?*

La fe sin obras está muerta

SANTIAGO 2:14–5

"Si un hermano o una hermana están desnudos y carecen del sustento diario, y alguno de ustedes les dice: «Vayan en paz, caliéntense y hártense», pero no les dan lo necesario para el cuerpo, ¿de qué sirve? Así también la fe, si no tiene obras, está realmente muerta" (Sant 2:15–17).

Oración inicial (Ver p. 15)

Contexto

Parte 1: Santiago 2:14-4:12. En esta sección, el autor de la carta de Santiago primero habla de la relación entre la fe y las obras, y nos dice que la fe sin obras está muerta. Si un hermano necesitado se presenta pidiendo ayuda y uno no le da una mano, ¿cómo se puede quedar tranquilo pensando creer en Dios, si su fe no toca su corazón y su vida? La fe es viva cuando se manifiesta en obras conforme a la Palabra de Dios, especialmente en obras de caridad fraterna. Y alude a dos ejemplos de la Escritura, el de Abrahán y el de Rajab de Jericó, que salvó a los espías enviados por Josué (cf. Jos 2). Del capítulo 3 en adelante, hablará sobre la importancia del control de la lengua, que aunque es un miembro pequeño, puede causar grandes daños.

Parte 2: Santiago 4:13-5. En la sección final de su escrito, el autor retornará sobre el argumento de las riquezas y la insensatez que es poner en los bienes de este mundo la propia seguridad y conducir la propia vida en función de los mismos. Poner la confianza en las riquezas significa falta de esperanza en las promesas de Dios. El cristiano, como el agricultor, es aquel que sabe acoger en tierra buena la buena semilla de la Palabra de Dios, que sabe esperar como Job, movido por la certeza que da la fe de que a su tiempo recogerá sus frutos. Finalmente, hablará de la unción de los enfermos en el nombre del Señor, la necesidad del reconocimiento humilde de los propios pecados y de la oración perseverante.

PARTE 1: ESTUDIO EN GRUPO (SANT 2:14-4:12)

Leer en voz alta Santiago 2:14-4:12.

La fe y las obras (Sant 2:14-26)

Esta sección de la carta de Santiago, sobre la importancia de las obras en relación con la fe, da la impresión de chocar con la doctrina paulina de la justificación por la fe y no por las obras. En efecto, en la carta de los Romanos, Pablo escribe que nuestra justificación (es decir nuestro hacernos agradables a Dios en vistas a la salvación) no proviene de las obras conforme a la Ley, sino de la fe. Santiago, por su parte, inicia su reflexión pareciendo decir todo lo contrario que Pablo: de nada sirve que uno diga tener fe si no tiene obras. Pero considerando amabas reflexiones en su contexto, emerge claramente que en realidad las dos doctrinas no son contradictorias, sino complementarias, dado que hablan desde perspectivas diversas. De hecho, tanto Pablo como Santiago, evocan el ejemplo de Abrahán para ilustrar lo que quieren explicar.

En Pablo, el término "obras" quiere decir algo muy específico, a saber, las obras de la Ley Mosaica que eran el centro del Judaísmo. Pablo justamente enfatiza que Abrahán fue declarado justo ante Dios a causa de su fe, como explícitamente lo dice la Escritura (cf. Gn 15:6) y mucho tiempo antes de que la Ley fuera dada al pueblo de Israel por intermedio de Moisés. Pablo quería poner en jaque la posición de aquellos que se creían justos por el hecho de cumplir con todos los preceptos de la Ley mosaica. Lo mismo afirma David, escribe Pablo (cf. Rom 4:6), cuando declara la bienaventuranza de aquel que recibe de Dios la justificación sin el mérito de las obras (por tanto, por su fe en la misericordia de Dios).

En la carta de Santiago, el término "obras" no se refiere a las obras prescritas por la Ley Mosaica o la adhesión a sus preceptos, sino al obrar en general, que debe ser coherente con la fe que se profesa. De este modo, el autor pudo servirse también del ejemplo de Abrahán para ilustrar su punto, pues el santo patriarca, creyendo en Dios, desde el inicio de su vocación manifestó un obrar conforme con su fe. En efecto, al oír la llamada de Dios a dejar su tierra (cf. Gn 12), inmediatamente partió, es decir, obró por poner su confianza en el Dios que lo llamaba. El autor de Santiago ve de modo especial en el episodio del "sacrificio" de Isaac, una muestra de que fue el obrar de Abrahán, basado en su fe, lo que le hizo justo ante de Dios.

Pero antes de evocar el ejemplo de Abrahán, el autor ilustra su punto con un simple ejemplo de la vida cotidiana. Si uno encuentra a un hermano o hermana, sin ropas y alimento, y simplemente le desea el bien, pero no le ayuda concretamente, ¿qué bien hace? Ninguno. Indirectamente está afirmando que la fe nos hace reconocer al prójimo como hermano y si realmente creemos en esto, no podemos no obrar en conformidad con ello. Y por eso repite: la fe sin obras está muerta, es decir, sin las obras que el creyente realiza por su fe. La fe no es un simple sentimiento piadoso, sino un don que del corazón debe manifestarse a la vida concreta de cada día.

Para ilustrar lo que está diciendo, el autor lleva su razonamiento hasta el extremo de evocar la "fe" de los demonios. Estos "creen" que existe un solo Dios y tiemblan ante su majestad; pero de nada sirve conocer una verdad de fe, si la voluntad de aleja de Dios (como en el caso de los demonios). Finalmente el autor evoca la lección de Rajab, la ramera. Al planear la invasión de la Tierra Prometida, Josué envía espías de los israelitas a explorar el territorio. Estos, al estar en peligro de muerte, se refugian en la casa de Rajab quien les esconde y así evita su captura. Los israelitas, por su parte, le prometen protegerla a ella y a los suyos cuando invadan el país (cf. Jos 2:1-21). El obrar de Rajab fue motivado por su adhesión a la fe en el Dios de Israel, que había operado maravillas en el camino de los israelitas, especialmente en el episodio del Mar Rojo. El autor concluye la sección afirmando que la fe sin obras está muerta como un cuerpo privado de espíritu.

Refrenar la lengua (Sant 3:1–12)

El capítulo tercero se abre con una admonición a los que desean ser tenidos por maestros. A estos el autor les recuerda, en línea con el principio del Evangelio de que a quien mucho se le dio mucho se le pedirá (cf. Lc 12:48), que quienes ejercen dicha función tendrán un juicio más severo.

A continuación el autor pasa al tema del dominio de la propia lengua, que es el tema principal de la sección. Consciente de que todos cometemos muchas faltas en nuestras vidas, afirma que si alguno no cae hablando es varón perfecto capaz de poner freno a todo su cuerpo. Y para concretar su idea utiliza dos ejemplos que muestran cómo algo tan pequeño, como es la lengua, puede controlar algo mucho mayor. El freno que se pone en la boca de los caballos: con él el jinete es capaz de dominar y hacer que obedezca todo su cuerpo. Lo mismo el timón de las naves, que es un instrumento muy pequeño, permite al piloto controlar la dirección de una gran nave en medio de aguas agitadas por vientos impetuosos. Así también la lengua en relación con toda la persona.

Habiendo hablado del poder que tiene la lengua, pasa a hablar de la fuerza destructora que puede tener la lengua sin freno. Y evoca el caso de los incendios en un bosque: los grandes incendios empiezan casi siempre por una pequeña llama. La lengua suelta es un mundo de iniquidad y puede contaminar a todo nuestro ser. Sus llamas destructoras son innatas en nosotros, dice el autor, y cuando las anima el viento del mal, pueden causar grandes estragos.

El autor insistirá todavía sobre el drama del hablar, diciendo que tantos tipos de animales salvajes pueden ser y han sido domesticados por el hombre, pero son pocos los que saben domar su lengua. La lengua es como un mal inquieto, llena de veneno mortal. Con ella podemos alabar a nuestro Señor y Padre, pero con ella también podemos maldecir a nuestros semejantes, hechos también a imagen de Dios. Pero esto no debe ser así, concluye el autor, pues del mismo modo que de una misma fuente de agua, no puede salir agua dulce y agua salada, así también sucede con nuestra boca. Debemos ser fuentes de agua pura o, con otra imagen, árboles que dan su fruto según su especie.

La verdadera sabiduría (Sant 3:13-18)

En este pasaje el autor habla de la verdadera sabiduría que el cristiano debe obtener. El modo como inicia en el v.13, hace pensar en la introducción de sus reflexiones sobre los maestros. El que quiera enseñar a otros por considerar que tiene sabiduría y experiencia, debe mostrar en primer lugar un obrar conforme con lo que habla y predica. Pero si alguien tiene el corazón lleno de amargura a causa de la envidia y del espíritu de contienda, ¿cómo puede pensar que posee la verdadera sabiduría, que deja como efecto en el corazón la dulzura, que es todo lo contrario de la amargura? Una tal "sabiduría" no es la que desciende de lo alto, sino que es terrena y demoniaca, dice el autor. Y concluye el capítulo enumerando las características de la sabiduría que viene de Dios, haciendo intuir los frutos que esta deja en la persona. La verdadera sabiduría es pura, pacífica, complaciente, dócil, sincera, imparcial, compasiva y produce frutos de paz y justicia en aquel que la posee.

Las causas de la división (Sant 4:1-12)

En contraste con la paz, en la primera parte del capítulo 4, el autor habla de los conflictos y luchas que se originan dentro de la comunidad y se pregunta sobre su origen. Su respuesta es que los conflictos externos provienen del interior del hombre, de sus pasiones. Por pasiones se debe entender aquellos movimientos espontáneos de la sensibilidad que mueven a la persona a obrar en una determinada dirección. Estas pasiones incluyen la codicia por tener siempre más, a costo incluso de la vida de otros; el vivir corroído por la envidia de los logros ajenos, etc. Todo esto, si no es controlado, genera hostilidades e incluso guerras. En el v.3 el autor habla de la oración en línea con otras enseñanzas del Nuevo Testamento (cf. por ejemplo Mt 6:33 y 1 Jn 5:14). Uno no recibe lo que desea, porque no lo pide con perseverancia o si lo pide, lo hace de manera inadecuada, motivado por deseos egoístas que al final llevarán a malgastar el don que se está pidiendo.

A continuación el autor se dirige a su auditorio como "adúlteros". En el Antiguo Testamento, el calificativo tiene un sentido figurado y se refiere a aquellos que rompen la Alianza con Dios. Por eso el autor sigue su reflexión, afirmando que los que se hacen amigos de sus propias pasiones (expresado como amistad con el mundo), se hacen enemigos de Dios, pues estas llevan a uno a romper con la Alianza con Dios por el pecado.

La cita de la Escritura a la que Santiago alude en el v.5 no la encontramos en el Antiguo Testamento. Posiblemente, citando de memoria, cita de alguna obra que hoy consideraríamos apócrifa, por no haber sido incluida en las Escrituras, pero que era conocida en su época. Hay diversas opiniones sobre el sentido del texto. Algunos comentaristas piensan que va en la línea de lo que Pablo dice en Romanos 8:26-27, que a su vez se inspira en Ezequiel 36:27. En el v.6, por el contrario, Santiago está citando Proverbios 3:34 según la traducción griega. Con este texto el autor motiva a sus lectores a emprender el camino de la humildad, fuente de abundantes bendiciones y gracias de parte de Dios. Cuanto más humilde es uno, más se acerca a Dios y Dios a él, y por consiguiente, más se aleja de nosotros el enemigo de nuestras almas, el Diablo. Dicha humildad significa un esfuerzo de purificación interior, por el reconocimiento, arrepentimiento y dolor de nuestros pecados.

El autor concluye el capítulo retomando el tema del hablar, añadiendo a sus reflexiones un matiz más. En línea con otras importantes enseñanzas del Nuevo Testamento (cf. Mt 7:1-5; Lc 6:37-42; Rom 2:1; 14:4.10), Santiago invita a sus lectores a no hablar mal los unos de los otros o a juzgar los unos a los otros, pues esto también puede ser fuente de discordia en la comunidad. El que habla mal o juzga a su prójimo, habla mal y juzga a la "ley". Por "ley" el autor parece pensar específicamente en el mandamiento del amor al prójimo. En efecto, el que juzga la ley se pone en lugar del juez y legislador que es uno solo, Dios, y por tanto obra con soberbia, todo lo contrario de la humildad que nos corresponde como creaturas.

Preguntas de repaso

1. ¿Qué quiere decir el autor cuando afirma que la fe sin obras está muerta?
2. ¿Por qué el autor de Santiago se preocupa tanto por el mal uso de la lengua?
3. ¿En qué consiste, según el autor, la verdadera sabiduría?
4. ¿Por qué quien ama al mundo se hace a sí mismo enemigo de Dios?
5. ¿Cuál es el camino que propone el autor para crecer en la verdadera humildad?

Oración final (ver p. 16)

Lectio divina (ver p. 8)

Relájate y mantén una postura de oración (espalda recta, ojos cerrados, pies apoyados en el suelo). Este ejercicio puede durar cuanto gustes, pero en el contexto de este estudio bíblico, de 10 a 20 minutos deberían ser suficientes.

Las meditaciones que siguen se ofrecen para ayudar a los participantes a usar esta forma de oración, pero hay que considerar que la *Lectio* está pensada para conducirlos a un ambiente de contemplación orante, donde la Palabra de Dios habla al corazón de quien la escucha (ve la página 8 para más instrucciones).

Fe y obras (Sant 2:14–26)

La Madre Teresa de Calcuta tuvo que luchar mucho para vivir su fe en Dios, incluso pasando por largos periodos de obscuridad interior, como ella misma reveló en algunos de sus escritos; pero nunca dejó de servir a los pobres en medio a sus dificultades con gran dedicación. En aquellas circunstancias ella aceptó incluso grandes y difíciles tareas porque creía que no son los buenos sentimientos lo que se necesita para servir a Dios, sino las buenas obras. El autor de la carta de Santiago insiste en que la fe sin obras está muerta y que nuestra fe se demuestra y deja ver precisamente por las obras que esta, cuando es viva, inspira, anima y promueve.

✠ *¿Qué más podemos aprender de este pasaje?*

Refrenar la lengua (Sant 3:1–12)

Se cuenta que en una ocasión una señora muy chismosa acudió a confesarse con san Felipe Neri. Cómo penitencia el santo le dijo que subiera a la torre de la Iglesia, abriera una almohada de plumas al viento y luego saliera a recogerlas todas... La lección era clara: el chisme, la difamación y la calumnia, cuando se difunden, son como las plumas de la almohada que el viento se lleva. Más tarde, corregir el error y recuperar la buena fama de las personas es prácticamente imposible, como lo sería intentar recuperar las plumas llevadas por el viento.

El autor de Santiago compara la lengua con una pequeña llama de fuego, pero que puede abrazar a todo un bosque. En nuestro contexto moderno, internet puede tener efectos parecidos a los de la lengua. Para cuantas personas, el chisme esparcido por la red ha sido fuente de incontables e irrecuperables daños. Para mucha gente, lo que se lee en internet es simplemente la verdad sobre las cosas. Palabras destructoras, habladas o difundidas por escrito pueden arruinar de modo casi irreparable la reputación de una persona. El autor nos recuerda que debemos ser muy responsables en el uso de esta y otras formas de comunicación, pues con ellas podemos manifestar nuestro amor a Dios, pero también destruir la vida de otros.

✠ *¿Qué más podemos aprender de este pasaje?*

La verdadera sabiduría (Sant 3:13–18)

La verdadera sabiduría no es fruto simplemente del conocimiento que uno pueda adquirir o incluso de la experiencia de vida que los años le pueden dar a uno. En la óptica cristiana, la sabiduría es un don de lo alto, que viene de Dios, que el Espíritu Santo regala al creyente y que lo enseña a ver y a valorar todas las cosas, por así decirlo, con los ojos de Dios. Por eso la verdadera sabiduría es siempre fuente de bien y de paz, como enseña Santiago; una disposición que ayuda a la persona a saber reconocer el bien en los demás y a tratar a todos con compasión e imparcialidad. En este sentido, la verdadera sabiduría va de la mano de la caridad para con el prójimo y la sincera humildad interior.

✠ *¿Qué más podemos aprender de este pasaje?*

Causas de división (Sant 4:1–12)

Siguiendo las huellas del Señor Jesús y también del santo de Asís, el Papa Francisco, actual jefe supremo de la Iglesia Católica, trabaja por la promoción de la paz, la justicia y la concordia entre los hombres, sin distinciones. Desde el inicio de su pontificado, su actitud de humildad, servicio y caridad; su estilo sencillo y austero, han dado y siguen dando un testimonio de autenticidad evangélica que cautiva a todos. Consciente de que el Evangelio de Cristo tiene la fuerza por el poder del Espíritu Santo de transformar los corazones, no cesa de anunciarlo. El autor de Santiago insiste en que es precisamente en el interior del hombre donde nacen los conflictos y las rivalidades. La tan anhelada paz en las familias y las sociedades es un don de Dios y tiene su fuente en la transformación del hombre por la fuerza y la gracia de la Buena Nueva de Jesús, que purifica las pasiones desenfrenadas cuando el corazón del hombre se abre a ella.

✠ *¿Qué más podemos aprender de este pasaje?*

PARTE 2: ESTUDIO INDIVIDUAL (SANTIAGO 4:13-5)

Día 1: advertencia contra la presunción (Sant 4:13-17)

En esta sección el autor de la Carta de Santiago advierte a aquellos que dedican su vida simplemente a acumular riquezas, olvidando lo fugaz y pasajera que es la existencia humana. A nadie le ha sido revelado el momento de su partida de este mundo. Dependemos de Dios. Por ello, el autor alerta contra la presunción de aquellos que planean su vida como si fueran dueños y señores de sus destinos. Y recuerda que la actitud correcta del creyente es considerar todos sus planes en relación con el querer de Dios: si Dios lo quiere, con el favor de Dios, esto se realizará. Quien obra de manera contraria, peca de arrogancia y presunción. Y concluye su reflexión retomando la idea de que no basta con conocer lo que es correcto, sino que hay que ponerlo por obra, de lo contrario se corre el riesgo de pecar (por omisión).

Lectio Divina

Pasa de 8 a 10 minutos en contemplación silenciosa del siguiente pasaje:

> Jesús cierta vez contó la parábola de un hombre rico, cuyas tierras habían producido mucho. No teniendo dónde guardar una cosecha tan abundante, planea demoler sus graneros y construir otros todavía mayores, para después dedicarse a descansar, ya que tendrá bienes para muchos años (cf. Lc 12:16-21). Dios le pediría cuentas de su vida aquella misma noche. Los bienes que había acumulado, ¿para quién

serán? Y Jesús concluye diciendo que eso es lo que les pasa a los que acumulan riquezas, pero no son ricos según Dios.

El autor de la Carta de Santiago invita a vigilar contra la presunción en nuestro modo de pensar. Y advierte a aquellos que dicen, "hoy o mañana iremos a tal ciudad, pasaremos allí el año, negociaremos y ganaremos...": quizás no vivirán hasta el día de mañana. Y recuerda que la omisión en el bien también es pecado. Para el cristiano la realidad de la muerte no es causa de temor o intranquilidad, sino fuente de realismo, que lo invita a vivir bien el día de hoy, agradando a Dios y, como dice Jesús, haciéndose rico a los ojos de Dios.

✠ *¿Qué más podemos aprender de este pasaje?*

Día 2: Advertencia a los ricos (Sant 5:1-6)

Siguiendo con su reflexión, en esta sección, el autor amonesta severamente a las personas ricas, que dominadas por el afán de riquezas, son despiadadas con sus obreros y servidores. Los términos de su admonición recuerdan las palabras de Jesús en el Evangelio de Lucas cuando dice: "Vendan sus bienes y den limosna. Hagan bolsas que no se deterioran, un tesoro inagotable en el cielo, donde no llega el ladrón ni la polilla" (cf. Lc 12:33-34). A estos Santiago les recuerda que su riqueza es fugaz y pasa, pero que todas las injusticias que cometieron gritan al cielo contra ellos. Usando la imagen de los animales que se engordaban para el día del sacrificio (en el culto antiguo), el autor compara a los ricos que se dedican a una vida de lujos y placeres con ellos: estos engordan para el día de la "matanza", es decir, del justo juicio de Dios. Tendrán un severo juicio, especialmente aquellos que condenaron y dieron muerte al justo, que no opuso resistencia. De nuevo, la invectiva del autor es contra los ricos que obcecados por sus riquezas, se dedican a engañar y oprimir a otros. Su principal preocupación es ganar más dinero y no agradar a Dios o ayudar al prójimo.

Lectio Divina

Pasa de 8 a 10 minutos en contemplación silenciosa del siguiente pasaje:

Un hombre muy rico, acostumbrado a ser tratado con respeto y reverencia, habiéndose hecho anciano, tuvo que tener una de sus piernas amputadas por problemas de circulación. Entristecido, se lamentó con un amigo que le visitaba. Le dijo que todas sus riquezas no podían traerle de vuelta la salud que había perdido. Por primera vez en su vida, se daba cuenta de que su destino realmente no estaba en sus manos. Durante toda su vida, aquello que había querido, lo había tenido. En aquel momento se sentía como en una prisión y tenía mucho miedo de morir.

Siguiendo las enseñanzas de Jesús en el Evangelio, Santiago nos amonesta para no dejarnos obcecar por los bienes materiales, poniendo nuestra confianza en ellos, pudiendo por ello llegar hasta cometer injusticias contra los más pobres y sencillos. Tanto el lujo como la opresión, un día acabarán. Pero muy diverso será el juicio de los que vivieron en una y otra condición. El grito del oprimido llega hasta el cielo y el Señor defiende su causa, y hace justicia al pobre (cf. Sal 140:13).

✠ *¿Qué más podemos aprender de este pasaje?*

Día 3: Paciencia y juramentos (Sant 5:7-12)

Durante el periodo que siguió a la resurrección de Cristo, el pueblo nutrió la expectativa de que el Señor regresaría pronto y así llegaría el juicio. Al constatar que el fin no llegaba, los cristianos tuvieron que reelaborar su concepto de "segunda venida" del Señor. En esta nueva actitud, un aspecto central fue la necesidad de la espera paciente y de la vigilancia. En la siguiente sección, el autor comienza animando a sus oyentes a ser pacientes y vigilantes, valiéndose de la imagen del labrador que sabe esperar con paciencia la llegada de la estación de lluvias y luego la cosecha.

Algunas personas, arrastradas por la impaciencia, pueden empezar a lamentarse con otras, lo cual se debe evitar, pues de nada sirve y además puede constituir materia de pecado. El Juez, Jesús el Señor, está ya a la puerta, listo para entrar en cualquier momento. La imagen parece evocar la situación de las ciudades antiguas, ceñidas por murallas con puertas. La entrada del Señor en la "ciudad" significa el último día, el día del juicio final.

Animando a sus lectores a ser pacientes, el autor evoca el ejemplo de los profetas del Antiguo Testamento que hablaron en nombre del Señor. En razón de su perseverancia y fortaleza estos profetas son llamados bienaventurados. Alude también a la proverbial paciencia de Job. Al considerar estos ejemplos, los cristianos pueden comprender un poco mejor los caminos de Dios, sabiendo que el Señor es compasivo y misericordioso.

Sin una relación directa con lo apenas dicho, el autor pasa a exhortar sobre los juramentos que el cristiano debe evitar. Sus palabras parecen hacerse eco de la enseñanza de Jesús en el Evangelio, cuando nos dice que no juremos ni por el cielo, ni por la tierra, que sea nuestro "sí, sí" y nuestro "no, no" (cf. Mt 5:33-37); el cristiano no tiene necesidad de recurrir a juramentos para hacer valer su palabra. Lo contrario, dice Santiago, puede hacernos reos de juico, dado que tener que recurrir a juramentos implica algo que desdice de nuestra credibilidad

Lectio Divina

Pasa de 8 a 10 minutos en contemplación silenciosa del siguiente pasaje:

Confiar en el Señor implica paciencia. Un predicador, haciendo hincapié en que Dios siempre responde a nuestras oraciones, decía: "Si tú le pides a Dios un millón de dólares, Dios te responderá, ¡pero con un dólar cada día!". Con eso quería decir que la respuesta de Dios viene a su debido tiempo: necesitamos ser pacientes. La paciencia es una característica de la verdadera humildad. Ante nuestras peticiones, a veces un tanto descabelladas, el Señor nos responde: "Tuve una idea mejor: ¡confía en mí!".

La paciencia es una de las más grandes señales de confianza en Dios. Del mismo modo que el labrador sabe esperar pacientemente a que las semillas que plantó crezcan y den su fruto, así también nosotros debemos perseverar en nuestra oración, seguros de que a su tiempo nos responderá con su gracia. Al recordarnos que el Señor es compasivo y misericordioso, Santiago nos ayuda a reavivar la fe en una de las verdades más importantes de la Revelación Bíblica. El tenerla presente nos ayudará a orar con paciencia y perseverancia.

✠ *¿Qué más podemos aprender de este pasaje?*

Día 4: El poder de la oración de la iglesia (Sant 5:13-20)

Como complemento al tema de la sección anterior, Santiago anima a su audiencia a perseverar en oración en todo momento. Si uno se encuentra pasando por un sufrimiento, que ore; si se encuentra feliz, que cante himnos de alabanza al Señor; si está enfermo, que llame a los "presbíteros de la Iglesia", que vendrán y harán una oración especial sobre el enfermo ungiéndolo con óleo. Como es conocido, la Iglesia ha visto en este pasaje los elementos revelados sobre el sacramento de la Unción de los enfermos (cf. también Mc 6:13), instituido por Cristo y practicado desde los orígenes en las comunidades primitivas. La oración y unción de la Iglesia tienen el poder de devolver la salud a la persona enferma, según la voluntad del Señor y dar también el perdón de los pecados. Anima también a todos a rezar con fervor, pues la oración del justo tiene un gran poder, aludiendo al testimonio de Elías (cf. 1 Re 17:1; 18:1.41s). Y concluye sus consideraciones diciendo que el cristiano no debe ser indiferente ante el hermano que se desvió del camino, pues el que reconduce a un hermano al buen camino, salvará su alma de la muerte y cubrirá una multitud de pecados (cf. Prov 10:12; Tob 12:9; 1 Pe 4:8).

Lectio Divina

Pasa de 8 a 10 minutos en contemplación silenciosa del siguiente pasaje:

> Un ferviente anciano católico, tuvo que quedarse en el hospital un par de días, como resultado de una fuerte gripa. Compartía la habitación con un joven gravemente enfermo de los riñones por problemas de cálculos renales. El joven, que sufría dolores atroces, iba a ser operado al día siguiente. El anciano le preguntó si había recibido la Unción de los enfermos, y al saber que no, le animó a pedir al capellán del hospital que se la administrase. Y así fue. Pocas horas después de recibir el sacramento, el joven logró expulsar las piedras y ya no fue necesaria la intervención quirúrgica.

El autor de la carta a Santiago nos recuerda la importancia del sacramento de la Unción. Este sacramento está acompañado por la oración de toda la Iglesia y la unción con el óleo santo puede devolver incluso la salud del cuerpo a quienes lo reciben. Ya no se llama

"Sacramento de la Extremaunción", pues la Iglesia comprendió que el Señor lo instituyó, no tanto para el último momento de nuestra vida, sino para acompañarnos con su gracia y misericordia en los momentos de enfermedad y dolor. La unción tiene además el poder de perdonar los pecados que la persona enferma pudiera haber cometido.

✠ *¿Qué más podemos aprender de este pasaje?*

Preguntas de Repaso

1. Da algunos ejemplos de posibles actitudes de presunción en nuestra vida conforme al pensamiento de Santiago.

2. ¿Cuál es la amonestación del autor a las personas ricas y que oprimen a otros?

3. ¿Por qué el autor de la Carta de Santiago siente la necesidad de hablar sobre la paciencia a sus lectores?

4. ¿Por qué son importantes las palabras de Santiago sobre la Unción de los enfermos?

5. ¿Cuál es la recompensa para la persona que ayuda a un hermano desviado a regresar al buen camino?

Un nuevo pueblo de Dios

1 Pedro 1–5

"Acérquense a él, piedra viva, desechada por los hombres, pero elegida, preciosa ante Dios; también ustedes, cual piedras vivas, entren en la construcción de un edificio espiritual, para un sacerdocio santo, para ofrecer sacrificios espirituales, aceptos a Dios por mediación de Jesucristo" (1 Pe 2:4–5).

Oración inicial (Ver p. 15)

Contexto

Parte 1: 1 Pedro 1-2. Muchos comentaristas consideran la Primera carta de Pedro como una homilía bautismal, dirigida a una audiencia de creyentes. El autor dirige su carta a los elegidos de Asia Menor, "santificados por la sangre de Cristo", una clara referencia al Bautismo. Alaba a sus oyentes por la adhesión a Cristo y les anima a perseverar con alegría en su camino, no obstante las persecuciones. Los exhorta a buscar una vida conforme con la fe que aceptaron, ofreciendo diversos principios de conducta religiosa y civil.

Parte 2: 1 Pedro 3-5 . El argumento inicial de la sección son los esposos cristianos, a los cuales el autor ofrece algunos consejos. A continuación ofrece una instrucción sobre la forma de tratarse entre cristianos, reflexiona sobre el tema de la persecución y sobre algunas verdades escatológicas de la fe. Finalmente, se dirige a los "ancianos" (los presbíteros), aconsejándoles sobre cómo deben conducirse en relación con los fieles y a su vez sobre cuál debe ser el comportamiento de estos.

PARTE 1: ESTUDIO EN GRUPO (1 PE 1-2)

Leer en voz alta 1 Pedro 1-2

Saludo inicial (1 Pe 1:1–2)

La carta se abre con la auto-presentación del autor como "Pedro, apóstol de Jesucristo". La expresión parece aludir indirectamente a la autoridad de la que el Príncipe de los Apóstoles gozaba ya en el tiempo en que la carta fue escrita.

Los destinatarios de la misma son designados como "los elegidos que viven como extranjeros en la Dispersión" (1:1). El término "dispersión" se refiere a los judíos residentes en grupos fuera de la Tierra Santa en época helenística (es decir, a partir del III siglo a.C.) (cf. Sant 1:1). En 1 Pedro, la nueva dispersión se refiere a los cristianos oriundos de la gentilidad (específicamente los que habitaban en las provincias romanas del Ponto, Galacia, Capadocia, Asia y Bitinia). Por el hecho de ser seguidores de Cristo viviendo entre no creyentes, viven como extranjeros.

A estos cristianos el autor los llama elegidos, conforme a los sapientísimos designios de Dios Padre, que los llamó a formar parte del nuevo Pueblo de Dios por la obediencia a Jesucristo y por haber recibido la "aspersión con su sangre", es decir, el Bautismo. Además, a la luz del Antiguo Testamento, dicha expresión evoca la ratificación de la Alianza con Dios (cf. Éx 24:8). Precisamente por su Bautismo, los cristianos de Asia Menor entran en la Alianza con el Señor, por la acción del Espíritu Santo.

El saludo se concluye con la fórmula habitual deseando la gracia y la paz de parte de Dios a los destinatarios, a la cual se añade la expresión hebrea "en abundancia" (cf. Ez 47:9; Dn 7:5; Jn 10:10).

Alabanza de Dios (1 Pe 1:3–12)

Por lo general, en las epístolas, al saludo inicial sigue una acción de gracias. En la Primera carta de Pedro, sin embargo, esta toma la forma específica de una bendición a Dios, expresión típica de la piedad hebrea (cf. Gn 9:26; Sal 66:20; 68:20; 72:18; 1 Re 1:48; 2 Mac 15:34), pero con un claro enfoque cristiano, pues el autor se dirige a Dios como "Padre de nuestro

Señor Jesucristo" (1:3). El motivo del reconocimiento y la alabanza es la misericordia de Dios, gracias a la cual, por fuerza de la resurrección de Jesús, se recibe el don de un nuevo nacimiento en el Bautismo y una herencia incorruptible en el cielo. En el Antiguo Testamento, al pueblo de Israel le había sido prometida en herencia la tierra de Canaán. Al nuevo Israel de Dios, la Iglesia, le es prometida en herencia una Patria definitiva, la del cielo. Dicha heredad es ahora poseída en la esperanza por los creyentes, a quienes el Padre protege con su poder por medio de la fe en vistas a la salvación, que se actuará plenamente en el último día.

Estos bienes que el autor enumera de forma tan solemne y esperanzadora, son fuente de inmensa alegría para el cristiano, no obstante las dificultades que tiene que soportar en el momento presente. Precisamente son estas dificultades las que acrisolan su fe, la cual será motivo de alabanza, gloria y honor cuando Jesucristo se manifieste. Creen en él y, aun sin haberlo visto, lo aman.

Los profetas del Antiguo Testamento, admirados y venerados en la Iglesia primitiva, lograron entrever esta gracia que los cristianos reciben. Por su boca el Espíritu Santo preanunció los sufrimientos de Cristo y la gloria que recibiría. En efecto, el profeta Isaías, por ejemplo, habló de él en la misteriosa figura del siervo sufriente: "Por eso le daré su parte entre los grandes y con poderosos repartirá despojos, ya que indefenso se entregó a la muerte y con los rebeldes fue contado, cuando él llevó el pecado de muchos, e intercedió por los rebeldes" (Is 53:12). Dicha misión profética y la revelación que recibieron no eran en beneficio de ellos mismos, sino de aquellos que tuvieron la gracia de recibir la buena nueva del Evan.

Rescatados por la sangre de Cristo (1 Pe 1:13–21)

El autor de la Primera carta de Pedro dice a sus lectores que tengan "ceñidos los lomos de su espíritu", expresión que recuerda la actitud que los israelitas debían tener con ocasión de la Pascua antes de partir de Egipto. Debían tener sus "lomos ceñidos" (cf. Éx 12:11), esto es, estar listos para la partida. Así también deben vivir los cristianos que viven sus vidas guiados por las verdades que recibieron en el momento de su conversión a Cristo. Deben tener siempre presente la segunda venida del Señor y los bienes que esta les traerá. Cuando vivían en el tiempo de la ignorancia, se abandonaban a los deseos pecaminosos; pero ahora, como cristianos, están llamados a ser santas, como lo es el que los ha llamado, conforme a lo que dice el Señor en la Escritura: "Sean, pues, santos porque yo soy santo" (Lv 11:45).

Los cristianos llaman "Padre" al que es juez imparcial y juzgará a cada quien según su conducta. Por este motivo, deben comportarse de manera adecuada. El hecho de ser peregrinos y extranjeros en este mundo, quiere decir que viven lejos de su patria, que es el cielo y hacia la cual se dirigen. Hemos sido rescatados de una vida fútil, herencia de nuestros antepasados, dice el autor, no con bienes pasajeros como oro y plata, sino con la sangre de Cristo, que como cordero sin mancha ni defecto, se entregó por nosotros. Los efectos salvíficos de esta sangre son comparados a los del cordero pascual de la pascua antigua (cf. Éx 12:7.13; Ap 5:9; Ef 1:7; Heb 9:12).

Cristo fue elegido antes de la creación del mundo, pero solamente en la edad presente, es decir, después de su muerte y resurrección, el plan de Dios fue revelado plenamente. Muchos de los autores del Nuevo Testamento se refieren a dicho periodo como el "fin de los tiempos" o los "últimos días". Los cristianos tienen su fe en Dios a través de Jesucristo, a quien Dios resucitó de ente los muertos y glorificó. A causa de esta fe, los cristianos confían en Dios y en esta fe mantienen la esperanza.

El amor fraterno (1 Pe 1:22–25)

Los cristianos viven en una nueva familia espiritual, cuyos vínculos difieren de los vínculos de sangre. El ingreso en esta familia se realiza por la obediencia a la verdad, por medio de la fe recibida en el Bautismo. Aquellos que entran a formar parte de esta familia están llamados a vivir un intenso y sincero amor fraterno entre sí. Estos han sido reengendrados, no por un germen corruptible, sino incorruptible, esto es, la palabra viva y permanente de Dios.

A continuación el autor cita al profeta Isaías: "Toda carne es como hierba y todo su esplendor como flor de hierba; se seca la hierba y cae la flor, pero la palabra del Señor permanece eternamente" (cf. Is 40:6-8). Y la Palabra de Dios es la Buena Nueva que los cristianos recibieron.

El pueblo de Dios: un sacerdocio real (1 Pe 2:1-10)

Visto que los cristianos se dedican al Señor, no se deben permitir ningún vicio que contradiga a su nueva vida como miembros de esta nueva familia. Por ello deben desechar de sus vidas toda malicia, engaño, hipocresía, envidias y toda clase de maledicencia. Ahora que gustaron la bondad del Señor, como niños recién nacidos, desean la leche pura y espiritual que les ayudará a crecer en el camino de su salvación. Con dicha expresión el autor parece referirse a la sana doctrina que proviene de la Palabra de Dios. Dichas expresiones parecen indicar que los destinatarios de la carta eran cristianos recién convertidos.

A continuación el autor anima a sus lectores a acercarse a Cristo, piedra viva desechada por los hombres, pero preciosa a los ojos de Dios. Los miembros de la comunidad cristiana, como piedras vivas, están llamados a formar parte del edificio espiritual, la Iglesia, cuya piedra angular es Cristo, en vistas a ejercer un sacerdocio santo, es decir, ofrecer sacrificios espirituales agradables a Dios por medio de Jesucristo.

A continuación el autor cita varios pasajes de los profetas, que hablaron del especial cuidado de Dios para con el Pueblo Elegido. Encabeza la secuencia un pasaje del profeta Isaías, en el cual el Señor habla de poner en Sion (Jerusalén) una piedra angular, preciosa y escogida, expresión que los cristianos entendieron como referida a Jesucristo. La fe de los que confían en Él, jamás vacilará (cf. Is 28:16).

Para aquellos que tienen fe, esta piedra (Jesucristo) es preciosa. Por el contrario, los que no tienen fe jamás la aceptarán. Como se lee en los Salmos: "La piedra que desecharon los albañiles se ha convertido en la piedra angular" (Sal 118:22). En la Primera carta de Pedro, al igual que en el Evangelio (cf. Mt 21:42-45; Lc 20:9-19), el término "constructores" se refiere a los judíos que no aceptaron a Cristo. La muerte de Jesús en la cruz hizo que este se convirtiera en un obstáculo y una piedra de tropiezo, como había predicho Isaías (cf. Is 8:14). Esta es la suerte que espera a aquellos que no creen en la Palabra de Dios: tropiezan y caen.

El autor declara que aquellos que creen en Cristo son la nueva raza elegida, que puede por lo mismo "reclamar" con todo derecho todos los dones espirituales prometidos al pueblo de Israel. Ellos son un sacerdocio real, una nación santa, pueblo de propiedad de Dios, escogidos para proclamar sus alabanzas. Dios, en efecto, fue quien los sacó de las tinieblas de sus vidas paganas (cf. Is 9:1) y los hizo entrar en la maravillosa luz del Señor: la fe. En el libro del Éxodo, el Señor instruye a Moisés para que diga al pueblo de Israel que ellos son un "reino de sacerdotes, una nación santa" (Éx 19:6). El autor de 1 Pedro ve a los cristianos como los herederos de esta vocación originaria.

El autor concluye esta sección citando dos oráculos del profeta Oseas (1:9; 2:25), afirmando de ellos que antes ellos no eran pueblo, pero ahora son pueblo de Dios; en el tiempo que vivieron en el paganismo, no habían recibido la misericordia, que ahora se les daba. A causa de Cristo, la piedra viva y aceptada por ellos pero rechazada por otros, ahora pueden vivir una vida nueva en él.

Tener siempre una buena conducta (1 Pe 2:11–25)

Dado que los cristianos son extranjeros y exiliados en este mundo, el autor los exhorta a que eviten los deseos de la carne, que luchan constantemente contra los deseos del alma. Dicha actitud en relación con el mundo, sin embargo, no les debe hacer olvidar que su ejemplo es importante para los demás, especialmente para los gentiles. Aun cuando estos no creyentes acusaran a los cristianos de causar problemas, ellos (los cristianos) deben perseverar en su esfuerzo por vivir de manera irreprochable. Así, viendo su modo de actuar, los gentiles tendrán motivos para dar gloria a Dios con ocasión de la segunda venida del Salvador. Lo que ellos ahora denuncian se tornará fuente de alabanza para Dios.

Pero los cristianos no deben solamente obrar bien frente a los gentiles, sino que además deben aceptar las estructuras sociales de su época. Deben obedecer a todas las instituciones humanas. Esto incluye obediencia al rey como soberano y a los gobernadores que tienen el deber, por mandato imperial, de castigar a los criminales y recompensar a los buenos. El autor ve en esta obediencia social del cristiano un acto de obediencia a Dios. Obrando así, harán callar con su buen comportamiento a sus ignorantes oponentes.

El autor de 1 Pedro, así como el autor de las cartas pastorales, parece preocuparse con la inserción de los cristianos en la sociedad en que viven.

Esta aceptación incluye también el vivir como esclavos. El autor está familiarizado con la esclavitud y con los sufrimientos soportados por los esclavos, muchos de los cuales eran personas educadas que habían sido capturadas en las guerras. Si bien algunos de ellos eran afortunados por tener patrones bondadosos, otros sin embargo, tenían que sufrir la dureza e injusticia de sus señores. En este sentido, el autor anima a los cristianos esclavos, a pesar del trato que puedan recibir, a que manifiesten respeto y obediencia a sus patrones. Al igual que en otras epístolas del Nuevo Testamento que hablan de la esclavitud, 1 Pedro no se opone a esta estructura social existente en su tiempo y les da una motivación: al soportar sufrimientos inmerecidos, pueden ganar méritos, visto que no habría ningún mérito si soportasen castigos merecidos. El mérito viene por la aceptación paciente de sufrimientos inmerecidos, aun cuando los esclavos hayan cumplido bien sus deberes.

Al aconsejar esto, el autor tiene ante sus ojos el ejemplo de paciencia de Jesucristo, al cual el autor les invita a contemplar. Cita un pasaje del cántico del Siervo sufriente, el cual no había cometido pecado, habló sin falsedad, aceptó insultos sin devolverlos, no amenazó cuando era torturado, poniendo su confianza en Dios, el justo juez (cf. Is 53:5-12). Cristo tomó sobre sí los pecados de todos y en su crucifixión nos redimió, a fin de que todos nosotros, muertos al pecado con él, pudiéramos resucitar a nueva vida en unión con él. Fue por sus llagas que fuimos curados. Y Jesús hizo todo esto, no por el pueblo fiel y leal, sino por las ovejas descarriadas. El autor continuamente recuerda a sus lectores sobre su vida pasada como paganos. Ahora, como cristianos creyentes, retornan al pastor y guardián de sus almas como ovejas que se habían extraviado. De este modo, Cristo también les ofrece un ejemplo con su sufrimiento y les sirve como protector en medio de sus sufrimientos.

Preguntas de repaso

1. ¿Qué quiere decir el autor al dirigir su carta a los que viven como extranjeros en la dispersión?

2. Aunque el autor nunca menciona explícitamente el Bautismo, ¿cómo se refiere a este sacramento y a sus efectos en nosotros?

3. ¿Por qué sostiene el autor que los antiguos profetas recibieron revelaciones que no eran para ellos sino para las futuras generaciones?

4. ¿Qué quiere decir el autor cuando habla de "ceñir los lomos del propio espíritu"?

5. ¿Qué motivo principal da el autor para el amor recíproco que debe animar al cristiano?

6. ¿Cómo se convierten los cristianos en piedras vivas para la construcción de un edificio espiritual?

7. ¿Por qué deben los cristianos someterse a la autoridad civil?

8. ¿De qué forma presenta el autor a Cristo como modelo de obediencia para los cristianos esclavos?

Oración final (Ver p. 16)

Hacer la oración final ahora o después de la *lectio divina*.

Lectio Divina (Ver p. 8)

Relájate y mantén una postura de oración (espalda recta, ojos cerrados, pies apoyados en el suelo). Este ejercicio puede durar cuanto gustes, pero en el contexto de este estudio bíblico, de 10 a 20 minutos deberían ser suficientes.

Las meditaciones que siguen se ofrecen para ayudar a los participantes a usar esta forma de oración, pero hay que considerar que la *Lectio* está pensada para conducirlos a un ambiente de contemplación orante, donde la Palabra de Dios habla al corazón de quien la escucha (ve la página 8 para más instrucciones).

Saludo introductorio (1 Pe 1:1–2)

Actualmente, en muchos países, el anuncio y vivencia de la fe exige un gran valor y no pocas veces hasta la propia vida. El martirio sigue siendo hoy una realidad. En la Primera carta de Pedro, el autor dice que los cristianos han sido rociados con la sangre de Cristo, lo cual es una referencia al Bautismo. El efecto que el Sacramento produce en el cristiano recibe su eficacia del misterio pascual de Cristo, es decir, de sus sufrimientos y muerte, y de su resurrección. La expresión sin embargo parece evocar también la dimensión paciente de la vida nueva del cristiano como extranjero en este mundo. En efecto, la vida nueva que el creyente está llamado a vivir, tiene también su participación en el misterio de la cruz del Señor, en vistas a la resurrección, resurrección a la vida verdaderamente nueva en Cristo, vida según los sentimientos de Cristo y los principios de su Evangelio. Los cristianos de ayer y de hoy también sufren persecución e incomprensión de sus mismos contemporáneos, conforme a lo que dijo el Señor en el Evangelio (Lc 21:12; Jn 15:20).

✠ *¿Qué más podemos aprender de este pasaje?*

La alabanza de Dios (1 Pe 1:3–12)

Al hablar de los sufrimientos que los cristianos tenían que padecer, el autor de 1 Pedro, evocando una idea de la Escritura (cf. Prov 17:3; Is 48:10; Sab 3:6) los compara con el fuego que, purificando el oro, ayuda a que este se haga más valioso. La aceptación serena de las penas de esta vida, aceptación basada en la confianza en Dios, lleva a la alabanza, la gloria y el honor de Dios. Dios no desea que sus hijos sufran. Sin embargo, todos los hombres, dada la frágil condición de la naturaleza humana en el estado actual, tienen que enfrentar sufrimientos y dolores. En Cristo sufriente Dios nos ha ofrecido un camino para superar el sinsentido del sufrimiento y del dolor. En la fe el cristiano encuentra la fuerza para transformar sus padecimientos en una ofrenda al Padre, seguro de que ninguno de ellos le es indiferente (cf. Sal 56:9).

✠ *¿Qué más podemos aprender de este pasaje?*

Rescatados por la sangre de Cristo (1 Pe 1:13–21)

Santa Teresa de Ávila tuvo que enfrentar muchos trabajos y dificultades para llevar a cabo lo que el Señor le encomendó. Pero confió en el Señor en cada momento, sabiendo que Jesús le estaba cerca y le acompañaba en sus andanzas apostólicas. Pedro nos exhorta a conducirnos con reverencia en nuestro peregrinar por la vida, consciente de todo lo que el Señor quiso sufrir y morir para traernos la salvación. Teresa contemplaba sin cesar al Maestro crucificado y de su oración sacaba fuerzas para realizar grandes obras en bien de la Iglesia. La llamada del Señor a ser santos como Él es santo (1 Pe 1:16; Lv 19:2), resonó fuertemente en sus oídos, orientando su vida a buscar siempre lo que podía ser más del agrado de Dios.

✠ *¿Qué más podemos aprender de este pasaje?*

El amor fraterno (1 Pe 1:22–25)

San Agustín escribió: "Ama y haz lo que quieras", seguro de que la persona que realmente ama a Dios no buscará sino corresponder en todo al amor de Dios. En plena libertad, querrá todo y solo lo que sea del agrado de Dios, cuyo amor se hará una fuerza impulsora para vivir el nuevo mandamiento de Jesús, de amarse los unos a los otros como Él nos amó. Consciente de esta realidad, el autor de 1 Pedro exhorta a sus lectores a un amor fraterno intenso, sincero y puro. El amor verdadero no busca sino el bien de aquel a quien ama. El verdadero cristiano se esfuerza por buscar en todo el bien de sus hermanos.

✠ *¿Qué más podemos aprender de este pasaje?*

El sacerdocio real del nuevo pueblo de Dios (1 Pe 2:1–10)

En su motivadora reflexión, el autor de 1 Pedro recuerda a sus lectores venidos de ámbito gentil la sublimidad de su nueva condición como bautizados. Con términos muy expresivos, invita a su auditorio a elevar los ojos de la mente y del corazón a la contemplación de lo que Dios ha realizado en ellos. Afirma que los cristianos son un linaje escogido, nación santa, un pueblo adquirido, pueblo sacerdotal, llamado a ofrecer sacrificios espirituales agradables a Dios por medio de Jesucristo y llamado a anunciar las grandes obras de aquel que los llamó de las tinieblas a su luz admirable por su inmensa misericordia. Cristo se convirtió en la piedra angular del templo vivo del cual también ellos son piedras vivas para el ejercicio de su sacerdocio común. ¿Qué más podría decirse de nuestra dignidad como bautizados?

✠ *¿Qué más podemos aprender de este pasaje?*

Tener siempre una buena conducta (1 Pe 2:11–25)

Cuando Tomás Moro se negó a proclamar a Enrique VIII como jefe de la Iglesia de Inglaterra, dijo ser un súbdito fiel del rey, pero añadió que lo era en primer lugar de Dios. De hecho, Tomás Moro había sido un leal amigo del rey durante los muchos años que lo sirvió, hasta que este quiso ser reconocido como cabeza de la Iglesia en Inglaterra. Esto no lo pudo aceptar y por ello fue decapitado. Su postura, de hecho, fue vista por algunos como un acto de traición. La noticia sobre su muerte rápidamente recorrió Europa y no se podía creer que el antes fiel siervo y amigo del rey hubiera sido decapitado.

A la luz de la doctrina de 1 Pedro, podemos decir que Tomás Moro busco la lealtad a la legítima autoridad humana, en este caso, al rey Enrique VIII, hasta que este obró más allá de sus límites. La decisión del rey aparecía a los ojos de Moro como una afrenta a Dios. Así Tomás siguió en conciencia el principio que el apóstol Pedro y los apóstoles sostuvieron cierta vez: "Hay que obedecer a Dios antes que a los hombres" (Hch 5:29).

✠ *¿Qué más podemos aprender de este pasaje?*

PARTE 2: ESTUDIO INDIVIDUAL (1 PE 3-5)

Día 1: La conducta del cristiano (1 Pe 3:1–12)

En este pasaje, el autor habla de los deberes de los esposos y esposas, centrando su atención sobre todo en el comportamiento de las esposas cristianas. La concepción de que el esposo era el jefe de la familia, era una concepción común durante el siglo I. De este modo, si un padre de familia se hacía cristiano, todos los miembros de su familia deberían hacerlo también. Pero si la esposa se hacía cristiana, no necesariamente debería hacerse también el marido y demás miembros de la familia. En este sentido, el autor escribe a las esposas cristianas cómo deben comportarse con sus maridos no-cristianos.

Su enseñanza empieza con la exhortación de que sean sumisas a sus maridos, concepto común en el contexto social del siglo I. Sin embargo, para el autor, la motivación para esta actitud está en que dicho comportamiento, "casto y respetuoso", atraerá a los esposos a Cristo.

Reconociendo que el verdadero valor de la persona y su verdadero embellecimiento se encuentra en su riqueza interior, el autor pide a las esposas que eviten los adornos mundanos, prefiriendo la dulzura y serenidad de espíritu, que es un precioso adorno a los ojos de Dios. Dicho comportamiento lo enseñan las santas mujeres de la historia de Israel, quienes confiando en Dios, aceptaban pacientemente la sumisión a sus maridos, como Sara, mujer de Abrahán, quien incluso llamaba a su esposo "señor".

Pero el autor también se dirige a los esposos, exhortándolos a ser comprensivos con sus esposas, afirmando que ellas eran igualmente herederas de la gracia de Dios (esto era algo realmente novedoso y radical para la época). Además, les dice que si obran así, sus oraciones no encontrarían obstáculo para ser escuchadas. En efecto, en el contexto social del autor, la posición de la mujer prácticamente se podía equiparar a la de un esclavo: dado que ella pertenecía a su marido, le debía sumisión. En este sentido, la visión de 1 Pedro, si bien no ajena a la visión de la mujer-esposa de la época, presenta cierta novedad conceptual. A ello se debe añadir que, por este motivo, dicha visión de la mujer refleja la cultura del tiempo y no representa una visión teológica (que tendría todavía valor) de que la mujer debe estar sometida al hombre.

A continuación, el autor habla de cómo debe comportarse el cristiano con sus hermanos en la fe. Lo invita a que tenga unión de sentimientos, siendo compasivo, misericordioso e humilde, viviendo un amor fraterno sincero. Siguiendo la enseñanza de Jesús (cf. Mt 5:39-48), no debe devolver mal por mal o insulto por insulto. Al contrario, en todo y siempre, deben bendecir, pues ha sido llamado a heredar la bendición.

Y una vez más trae a colación un texto de la Escritura, esta vez del libro de los Salmos (34:13-17), relacionándolo con su exhortación. En él, el salmista amonesta que quien quiera amar la vida y ver días felices, debe vigilar su hablar, buscar el bien y la paz, y así tendrá los ojos del Señor sobre él, pronto a oír sus peticiones. La suerte de quien obra el mal será muy distinta.

Lectio Divina

Emplea de 8 a 10 minutos en contemplación silenciosa del siguiente pasaje

La institución natural del matrimonio, unión esponsal entre el hombre y la mujer, ha sido elevada por Cristo Señor a la dignidad de sacramento, es decir, signo y canal de la gracia invisible para aquellos que lo reciben. En la tradición bíblica, además de ser símbolo del profundo vínculo de Dios con su pueblo expresado en la Alianza, el matrimonio cristiano es, según san Pablo, icono de la misteriosa unión de Cristo con su Iglesia (cf. Ef 5:21-33). Así como Cristo amo a su Iglesia y se entregó por ella, del mismo modo lo deben hacer los esposos cristianos. Con un lenguaje común en su cultura y tiempo, el autor de Santiago invita también a los esposos al respeto y donación recíprocos. En un contexto hedonista como el de nuestra época, en que la persona es valorada por lo que tiene más que por lo que es, el mensaje de fondo del autor sigue teniendo valor, tanto para el hombre como para la mujer.

✠ *¿Qué más podemos aprender de este pasaje?*

Día 2: El sufrimiento del cristiano (1 Pe 3:13–22)

El autor añade que nadie puede hacerle daño al cristiano que busca sinceramente hacer el bien. Aun si es perseguido por su fidelidad a Cristo, puede considerarse dichoso conforme al espíritu del Evangelio (cf. Mt 5:11-12). Que siga dando culto a Cristo Señor en su corazón, siempre dispuesto a dar razón de su esperanza, es decir, de su adhesión a la fe en Cristo, con dulzura y respeto. Que permanezca fiel a su conciencia, adhiriéndose en todo a la voluntad de Dios, pues es mejor padecer por obrar el bien, dice el autor, si esa es la voluntad de Dios, que obrar el mal.

En la siguiente sección, el autor presenta de modo sintético varias verdades sobre Cristo y el misterio de su pasión, en términos que están a la base del "Credo apostólico". Esta sección busca fortalecer a los cristianos, que por las persecuciones corren el peligro de perder su fe. En primer lugar, recuerda que Cristo murió una sola vez por los pecados, el justo por los injustos, para llevarnos a Dios. Luego habla de la resurrección de Jesús, diciendo que habiendo sido muerto en la carne, fue vivificado en el espíritu.

A continuación añade que Cristo, en espíritu, vistió y predicó a los "espíritus encarcelados". Del contexto no queda claro a quiénes tiene en mente el autor y los comentaristas antiguos y recientes divergen en su interpretación. Sin embargo, el mensaje del pasaje parece claro: Cristo realmente murió y resucitó, y por su muerte y resurrección venció al mal. El autor traza un paralelo con los días de Noé: en aquel tiempo, mucha gente era desobediente, pero Dios esperó pacientemente a que el arca fuera construida. Cuando esta quedó lista, Dios salvó a ocho personas en la misma. En vez de ver las aguas del diluvio como destructivas, el autor reconoce en ellas una señal de salvación para los que evitaron la muerte espiritual. Las aguas del diluvio prefiguraban las aguas del Bautismo, ambas purifican y ofrecen la salvación. Estas aguas no sirven para quitar la suciedad del cuerpo, sino que son una súplica a Dios para tener una buena conciencia con la fuerza de la resurrección de Jesús. Habiendo subido al cielo, Jesús ocupa un lugar de honor a la derecha de Dios, a quien le están sometidos ángeles, dominaciones y potestades (expresiones de la Escritura para hablar de dos categorías de ángeles como las de querubines y serafines).

Lectio Divina

Emplea de 8 a 10 minutos a la contemplación silenciosa del siguiente pasaje:

En uno de los edificios de lo que fue en su momento el campo de concentración de Auschwitz, se encuentra una pequeña celda con un cirio pascual. Este recuerda el lugar de la muerte por inanición de san Maximiliano Kolbe durante la Segunda Guerra Mundial. Siguiendo el ejemplo de Jesús, Fray Maximiliano ofreció su vida en lugar de la de un desconocido padre de familia. En el contexto de aquella terrible situación de sufrimiento, la luz de su caridad cristiana trajo nuevas fuerzas a los que ahí sufrían injustos tratos y reclusión. El cristiano no busca el sufrimiento, pero lo sabe aceptar con buenas disposiciones cuando este se presenta, dándole sentido por su fe a la luz del misterio pascual de Cristo.

✠ *¿Qué más podemos aprender de este pasaje?*

Día 3: La caridad cristiana (1 Pe 4:1–11)

En la primera parte del capítulo 4, el autor extiende su reflexión sobre el sentido cristiano del sufrimiento. Exhorta a sus lectores a que, teniendo siempre ante sus ojos los padecimientos de Cristo, se armen de valor para romper con el pecado y vivir su peregrinación terrena, no según las pasiones desordenadas, sino según la voluntad de Dios. Sirviéndose de una conocida lista de vicios, el autor ilustra lo que entiende por vivir según las pasiones, que es el estilo de vida de los gentiles: desenfrenos, liviandades, desórdenes, orgías, embriagueces e idolatría.

Cuando el bautizado se abandona a ese estilo de vida, sorprende a los antiguos compañeros paganos, pues ya no corre tras el libertinaje. Y aunque esto haga que los paganos ataquen a los cristianos, algún día tendrán que dar cuentas al que ha de venir a juzgar a vivos y muertos.

Algunos en la Iglesia primitiva creían que la segunda venida de Cristo sucedería pronto, puesto que ya había pasado la primera. Siguiendo esta forma de pensar bastante extendida, el autor dice a sus lectores que el fin está cerca y que deben prepararse viviendo una vida sensata y sobria. Vivir así les ayudará también a rezar mejor. Entre las cosas que deben hacer, deben prestar particular atención al amor fraterno, pues "el amor cubre multitud de pecados" (4:8). Dicha expresión se inspira en pasajes del Antiguo Testamento como Proverbios 10:12. Como expresión de la caridad que les anima, los cristianos deben ser hospitalarios los unos con los otros, sin quejas.

Como administradores de los dones de Dios, los cristianos comparten sus dones específicos con otros. Quien tenga el don de predicar, que predique fielmente la Palabra de Dios; el que tenga el don del servicio, que sirva conforme a la fuerza que viene de Dios. Usando rectamente los dones recibidos, el cristiano alaba a Dios a través de Jesucristo. El autor concluye la sección con una doxología, es decir, una alabanza a Dios.

Lectio Divina

Emplea de 8 a 10 minutos a la contemplación silenciosa del siguiente pasaje:

En la historia de la Iglesia fueron muchos los santos que, proviniendo de ambientes acomodados, rechazaron los bienes familiares para seguir a Cristo pobre (san Francisco, san Ignacio de Loyola, san Francisco de Sales...); pero también hubo quienes, aun viviendo en situaciones de riqueza y bienestar, supieron darle a los bienes y honores de este mundo un lugar secundario en sus vidas y fueron también santos, como los santos reyes Luis IX de Francia, Isabel de Portugal y otros. El autor de 1 Pedro anima a sus lectores a seguir el ejemplo de Jesucristo, rechazando una vida centrada en agradar los deseos de la carne. El Señor nos ha concedido abundantes dones, con intención de que los usemos también para proclamar su mensaje al mundo, con nuestras palabras y, sobre todo, con nuestro ejemplo.

También hoy se encuentran ricos que administran sus bienes en favor de otros más necesitados. El mensaje de Jesús es que vivamos en el mundo pero sin ser del mundo (cf. Jn 17), que sepamos servirnos de los bienes de la creación de Dios con espíritu cristiano, es decir, con responsabilidad, espíritu de servicio y sabiendo compartir, teniendo como eje de la propia vida solamente a Cristo. Algunos santos dan testimonio del Evangelio abandonando sus posesiones, otros poniéndolas al servicio de la causa de Jesús, en beneficio de sus hermanos. Lo importante es vivir el Evangelio en la circunstancia en que nos haya colocado el Señor.

✠ *¿Qué más podemos aprender de este pasaje?*

Día 4: El fuego de la prueba (1 Pe 4:12–5)

El autor habla como si la gente estuviera ya sufriendo alguna suerte de prueba. Al inicio, hablaba de las pruebas que los cristianos afrontarían y de cómo serían probados igual que el oro en el crisol (cf. 1 Pe 1:6-7). Ahora afirma que no deben sorprenderse por estar afrontando dificultades. Para la persona de fe, participar en los sufrimientos de Cristo es causa de alegría espiritual, pues grande es la recompensa a ellos reservada en la segunda venida del Señor. Los que son insultados por el nombre de Cristo deben considerarse felices, porque el espíritu de gloria, que es el espíritu de Dios, ya está en ellos.

Si alguno sufre por ser ladrón, criminal o malhechor, sería esto motivo de vergüenza; pero el sufrir por el nombre de Cristo (es decir por ser considerados cristianos), es un honor para el que cree y motivo de recompensa y alabanza ante Dios. Adaptando una máxima del libro de los Proverbios (cf. Prov 11:31) el autor afirma que el juicio empieza por la casa de Dios. Siendo así, los anima a seguir su caminar en el bien, a no tener miedo de nada y a confiar en Dios su Creador.

En el capítulo 5 el autor se dirige a los guías de la comunidad, los presbíteros. Habla de sí mismo como si fuera uno de ellos y se presenta como uno que fue testigo de los sufrimientos de Jesucristo. La auto-identificación del autor hace pensar que posiblemente estuvo presente en la pasión y muerte de Cristo (como Pedro), o simplemente quiere significar que él también sufrió, uniéndose a los sufrimientos de Cristo y así dio testimonio al mundo de la unión de sufrimientos entre Cristo y los cristianos. Por eso afirma con convicción que llegará a participar también de su gloria. Dichas expresiones conceden al autor credenciales de autoridad frente a sus hermanos presbíteros.

El papel de los presbíteros es pastorear con cuidado el rebaño que se les ha confiado, como Cristo hizo. Esto lo hacen en la medida en que estén dispuestos a servir con generosidad y sin buscar recompensas humanas, guiando con el ejemplo más que con la autoridad. Procediendo así, los presbíteros recibirán la corona de gloria, que Cristo el Mayoral, les dará en su día.

A continuación el autor se dirige a los miembros de la comunidad más jóvenes, animándolos a seguir las enseñanzas de los presbíteros y a actuar con humildad los unos para con otros. Citando una vez más el libro de los Proverbios (cf. Prov 3:34), el autor les recuerda que Dios resiste a los soberbios, pero da su gracia a los humildes. Les anima a permanecer humildes bajo la poderosa mano de Dios y así Dios les ensalzará al tiempo debido, porque Dios cuida de ellos continuamente, por eso deben poner todas sus preocupaciones en manos del Señor.

Con una expresión típica de cuando se habla sobre el fin de los tiempos, el autor anima a sus lectores a vigilar y a estar alertas, resistiendo al Demonio que ronda "como león rugiente, buscando a quien devorar". La fe les dará la fuerza para resistirle así como las pruebas por las que ahora atraviesan. También otros cristianos afuera padecen dificultades semejantes. Les recuerda que los sufrimientos presentes son pasajeros, que Dios les dará la fuerza y el valor para soportarlos y concluye con una aclamación sobre la perenne soberanía de Dios.

Era práctica común en la época valerse de secretarios entrenados para la redacción de las cartas. También Pablo se valió de ellos para redactar las suyas. El saludo final de la carta menciona a Silvano, a quien el autor llama "hermano fiel" como el escribano de 1 Pedro. El motivo de la misma ha sido animar a sus lectores a perseverar en la gracia de Dios que han recibido por medio del Bautismo.

Finalmente envía saludos desde la Iglesia que está en "Babilonia". El nombre, en realidad, es una cifra para indicar la ciudad de Roma, forma en la que se le llama en el Apocalipsis (cf. Ap 17). El pueblo judío recordaba Babilonia como un lugar de obscuridad y pecado, en el cual sus antepasados tuvieron que vivir por cerca de medio siglo. La Roma de la época del autor es vista como la nueva Babilonia. Saluda a Marcos, que bien podría ser el evangelista u otro cristiano con el mismo nombre (cf. Hch 12:12; Col 4:10). Concluye animando a sus lectores a saludarse con el ósculo del amor fraterno (gesto de unidad en Cristo entre los cristianos) y deseándoles la paz de Cristo.

Lectio Divina

Pasa de 8 a 10 minutos en contemplación silenciosa del siguiente pasaje:

Durante el jubileo del año 2000, el Papa Juan Pablo II tuvo una ceremonia ecuménica en el Coliseo de Roma, en la que recordó a los hermanos y hermanas, de diverso estado y condición, que durante el siglo XX habían sufrido persecución y martirio a causa de su fe por parte de los regímenes totalitarios y ateos. En aquella ocasión, el Santo Padre recordaba en su homilía: "La experiencia de los mártires y de los testigos de la fe no es característica solo de la Iglesia de los primeros tiempos, sino que también marca todas las épocas de su historia (...). Cuántos cristianos, en todos los continentes, a lo largo del siglo XX, pagaron su amor a Cristo derramando también la sangre (...). Bajo terribles sistemas opresivos que desfiguraban al hombre, en los lugares de dolor, entre durísimas privaciones, a lo largo de marchas insensatas, expuestos al frío, al hambre, torturados, sufriendo de tantos modos, ellos manifestaron admirablemente su adhesión a Cristo muerto y resucitado (...). Muchos rechazaron someterse al culto de los ídolos del siglo XX y fueron sacrificados por el Comunismo, el Nazismo, la idolatría del Estado o de la raza. Algunos murieron porque, siguiendo el ejemplo del Buen Pastor, quisieron permanecer junto a sus fieles a pesar de las amenazas"

(San Juan Pablo II, homilía del 7 de mayo de 2000).

Perseverar en la fidelidad a Cristo implica una especial ayuda de la gracia y la generosa correspondencia del que la recibe, especialmente en tiempos de persecución. El autor de la Primera carta de Pedro nos recuerda que el enemigo, el Diablo, anda como "león rugiente buscando a quien devorar" y nos invita a resistirle firmes en la fe. Las pruebas que el cristiano afronta en su esfuerzo por ser fiel a Jesús por momentos le pueden traer desánimo; pero es en su fe en donde puede y debe encontrar nueva fuerzas, pues la ayuda de lo alto nunca nos es negada cuando la pedimos y la sabemos acoger.

✠ *¿Qué más podemos aprender de este pasaje?*

Preguntas de repaso

1. ¿Qué quiere decir el autor de 1 Pedro cuando habla de la sumisión que las esposas deben tener a sus esposos?

2. ¿Cuál es el sentido de la expresión "que tengan todos unos mismos sentimientos" utilizada por el autor de 1 Pedro en 3:8?

3. ¿Cómo deben los cristianos afrontar el sufrimiento?

4. ¿Cuál era la importancia, según el contexto histórico originario de 1 Pedro, de la vivencia de la hospitalidad?

5. ¿Por qué los cristianos no deben sorprenderse par las persecuciones y vejaciones que pueden soportar?

6. ¿Cómo deben actuar los presbíteros?

7. ¿Qué dice la Primera carta de Pedro sobre la confianza en Dios en momentos de tentación?

El verdadero conocimiento de Cristo

2 PEDRO 1–3

"Pero, ante todo, tengan presente que ninguna profecía de la Escritura puede interpretarse por cuenta propia; porque nunca profecía alguna ha venido por voluntad humana, sino que hombres, movidos por el Espíritu Santo, han hablado de parte de Dios" (2 Pe 1:20-21).

Oración inicial (Ver p. 15)

Contexto

Parte 1: 2 Pedro 1–2. El autor de 2 Pedro, consciente de que sus interlocutores son puestos a prueba por varios falsos maestros, escribe para recordarles la sana doctrina sobre Dios y sobre Jesucristo que ellos recibieron. Les alerta contra los falsos profetas que se encuentran en su medio, quienes negarán todo lo que Cristo, el Maestro, les enseñó. Les recuerda que han recibido promesas y dones que les conceden participar de la naturaleza divina. Les urge a reforzar su fe con la práctica de las virtudes, que les llevará al conocimiento y amor recíprocos y les permitirá vivir en constante unión con Jesucristo, en vistas a su salvación eterna.

Parte 2: 2 Pedro 3. Algunas personas estaban negando la segunda venida de Cristo, burlándose de aquellos que creían en que Cristo volvería. Ellos veían en el retraso del regreso del Señor una señal de que la segunda venida no tendría lugar. El autor, haciendo referencia a la Escritura, recuerda que para el Señor un día es como mil años y que en lugar de ver la segunda venida como algo que se estaba retrasando, la deberían interpretar como una señal de la paciencia de Dios, quien está dejando así tiempo para que la gente se arrepienta. Exhorta a sus lectores a estar preparados para el día final y concluye invitándolos a alcanzar un verdadero conocimiento de Jesucristo.

PARTE 1: ESTUDIO EN GRUPO (2 PEDRO 1-2)

Leer en voz alta 2 Pedro 1-2

Crecer en el conocimiento de Jesucristo (2 Pe 1:1–11)

Al igual que en la Primera carta de Pedro, el autor de 2 Pedro se identifica a sí mismo como un apóstol de Jesucristo para certificar así su autoridad, poniéndose entre los que fueron llamados por Jesús durante su vida terrena. Aunque el autor no sea propiamente el apóstol Pedro, escribe su carta desde la perspectiva y en sintonía con las enseñanzas del Príncipe de los Apóstoles. Al título de apóstol, el autor añade el de "siervo de Jesucristo", título que se encuentra también en las cartas de Pablo (cf. Rom 1:1; Sant 1:1).

El autor de 2 Pedro se dirige a aquellos que recibieron una fe como la de Pedro, "por la justicia de nuestro Dios y Salvador Jesucristo" (1:1). Les desea gracia y paz en abundancia al crecer en su conocimiento de Dios y de Jesús el Señor. Reconoce que sus lectores están enfrentando dificultades en su fe por la difusión de contenidos falsos respecto a Dios y a Jesús.

El autor habla de los dones dados por Dios a través de Cristo y la respuesta que los cristianos deben dar a esos dones. Enseña que fue gracias al poder divino del Señor que hemos recibido todos los dones que necesitamos para vivir una vida verdaderamente devota. Estos dones nos ayudan a conocer a Dios, quien nos ha llamado por el poder y la gloria de Cristo. Al recibir estos dones, recibimos también la promesa de un premio futuro, grande y precioso. Los cristianos se vuelven capaces de participar de la naturaleza divina y escapar de la corrupción de los malos deseos que se encuentran en el mundo.

A continuación el autor anima a sus lectores a crecer en la fe, por el cultivo de la virtud. Esta se basa en el conocimiento, al que se debe añadir la templanza; a esta, la paciencia; a esta, la piedad; a esta, el amor fraterno; y a este último, la caridad. Esta vida virtuosa hará que el conocimiento de Cristo crezca y por medio de este el cristiano se vaya purificando de sus pecados. Este esfuerzo ayuda al cristiano a afianzar siempre más su vocación y elección, le dará sostén para no caer y lo mantendrá en el camino de la salvación.

El testimonio apostólico (2 Pe 1:12–21)

El autor siente la urgencia de recordar a su auditorio el mensaje de Cristo, mientras se encuentra "en esta tienda", refiriéndose a su cuerpo (1:13). El apóstol Pablo también usa la imagen de la tienda para hablar de la vida terrena, es decir, la vida en el cuerpo mortal (cf. 2 Cor 5:1-5).

Dice conocer por revelación de Jesucristo que pronto tendrá que dejar dicha tienda (es decir, partir de este mundo, morir). En este sentido, su carta adquiere un tono de testamento y desea que después de su partida sea conocida por todos.

A continuación habla contra aquellos que niegan el poder de Cristo y su segunda venida, reinterpretando las Escrituras a su manera. Recuerda a sus lectores que no se ha valido de fábulas ingeniosas para transmitirles esta verdad de fe, sino que simplemente ha invocado la experiencia que tuvo al haber sido testigo del poder y la gloria de Cristo sobre el monte santo (aquí hace referencia al episodio de la Transfiguración, del que Pedro fue testigo ocular sobre el monte Tabor).

Además, los cristianos cuentan con el firmísimo mensaje de los profetas, que como lámparas los guían por la oscuridad de este mundo hasta el día de la salvación y del conocimiento pleno de Jesucristo. Dado que los profetas no hablaron por iniciativa propia, sino por inspiración de Dios, solamente con la ayuda del Espíritu Santo es posible comprender el auténtico significado de sus palabras (y no por medio de razonamientos humanos y opiniones personales).

Los falsos maestros (2 Pe 2)

En el capítulo 2, hablando sobre los falsos profetas del pasado, el autor alerta que como en los tiempos pasados, también en su tiempo hay falsos profetas (como los hay también hoy). Estos son los que enseñan su propia visión herética y niegan al Maestro que les obtuvo la libertad con su vida (el Maestro obviamente es Jesucristo).

Intentando ganar seguidores para sí mismos, los falsos profetas tratarán de engañar con la astucia de sus palabras. Pero al negar al Maestro, traerán la destrucción sobre sí mismos. Tendrán muchos seguidores, que aceptarán sus caminos torcidos, haciendo que la verdad sea rechazada. Explotarán a los seguidores de Cristo con mentiras y, si siguen por ese camino, solo les quedará la condenación y la perdición. Y para ilustrar su punto el autor menciona a los ángeles, a quien Dios no perdonó cuando pecaron, condenándolos a las tinieblas profundas para el día del Juicio.

A continuación, menciona algunos ejemplos del Génesis, como el diluvio, cuando Dios envió la destrucción sobre toda la tierra, pero salvó a un pequeño resto, al justo Noé y a su familia (cf. Gn 6:5–7:24); después cita el ejemplo de la destrucción de Sodoma y Gomorra, ciudades que Dios redujo a cenizas para que sirvieran como ejemplo para los que en el futuro vivirían impíamente, pero salvando al justo Lot que sufría por la impiedad de sus contemporáneos. Con estos ejemplos el autor quiere llamar la atención a sus oyentes sobre el justo juicio de Dios que jamás falla sobre los impíos, pero también que el Señor salva a los piadosos que no se dejan desviar ni contaminar por la corrupción de aquellos.

Los falsos profetas son de un tal atrevimiento y arrogancia, que no temen insultar hasta a las creaturas celestiales, los ángeles. Estos, no obstante sus capacidades muy superiores a las del hombre, no traen para ellos la condena del Señor. Los falsos profetas, en cambio, ridiculizando las cosas que no entienden, actúan guiados por sus instintos como animales ignorantes, destinados por su misma naturaleza a ser cazados y muertos. Por el hecho de ser depravados, se destruirán a sí mismos, además de recibir el castigo de los perversos.

El autor ve a estos falsos profetas como manchas en la sociedad, que malgastan sus vidas y tienen entre sus seguidores a personas ávidas de placeres. Son gente que seduce a los débiles llevándolos a la promiscuidad, son adúlteros, con un apetito voraz de pecado y codicia. A causa de su perversidad, viven bajo una maldición, siguiendo el mismo camino de Balaán (cf. Nm 22:22-35), que fue reprochado por un burro, con voz humana, por haber aceptado dinero para maldecir a los israelitas.

Valiéndose de imágenes tomadas de la naturaleza, el autor intensifica todavía más su invectiva contra los falsos profetas. Estos son áridos como fuentes sin agua, nubes llevadas por el viento, que heredarán la oscuridad de las tinieblas. Se sirven de su altisonante discurso para seducir a los cristianos a volver a su vida pagana de la cual han sido liberados. Jugando con las pasiones y los deseos impuros de otros, estos falsos profetas prometen la libertad cuando ellos mismos son esclavos de su propia corrupción. Pues uno es esclavo de aquello que lo esclaviza.

Y concluye su exposición alertando a sus oyentes de que el que haya roto con la esclavitud del pecado a través del conocimiento del Señor y Salvador Jesucristo, pero recae en aquella esclavitud, se hace peor que los que nunca se habían convertido. Y afirma que habría sido mejor no haber conocido nunca el camino de la justicia, que abandonarlo después de haberlo conocido, a lo que alude parte de una sentencia del libro de los Proverbios: "Como el perro que lame su vómito, el necio que repite sus sandeces" (26:11). Regresar a la esclavitud del pecado, después de haber conocido a Cristo, es tan repulsivo como un perro que vuelve sobre su vómito o como un cerdo que, apenas lavado, regresa a revolcarse en el fango.

Preguntas de repaso

1. ¿Qué dice el autor de la Segunda carta de Pedro sobre la necesidad del conocimiento y de la virtud?

2. ¿Por qué siente el autor la necesidad de recordar a sus oyentes verdades ya conocidas por ellos? ¿Qué consecuencias tiene esto para nuestra vida?

3. ¿Qué quiere decir el autor cuando afirma que ninguna profecía de la Escritura es materia de interpretación personal?

4. ¿Cuáles eran algunas de las enseñanzas de los falsos maestros?

5. ¿De cuáles ejemplos de la historia pasada se vale el autor para motivar a sus lectores a permanecer fieles al Señor?

6. ¿Por qué siente el autor la necesidad de amonestar a sus lectores a no abandonar el camino que emprendieron gracias al conocimiento de Cristo?

Oración final (Ver p. 16)

Hacer la oración final ahora o después de la *lectio divina*

Lectio Divina (Ver p. 8)

Relájate y mantén una postura de oración (espalda recta, ojos cerrados, pies apoyados en el suelo). Este ejercicio puede durar cuanto gustes, pero en el contexto de este estudio bíblico, de 10 a 20 minutos deberían ser suficientes.

Las meditaciones que siguen se ofrecen para ayudar a los participantes a usar esta forma de oración, pero hay que considerar que la *Lectio* está pensada para conducirlos a un ambiente de contemplación orante, donde la Palabra de Dios habla al corazón de quien la escucha (ve la página 8 para más instrucciones).

Crecer en el conocimiento de Jesucristo (2 Pe 1:1–11)

En la Carta a los efesios, san Pablo pide de rodillas al Padre que conceda a los cristianos, por medio de su Espíritu, un conocimiento interior del amor de Cristo, para que se llenen de la plenitud de Dios (cf. Ef 3:14-19). El autor de 2 Pedro, reconociendo la importancia del verdadero conocimiento de Cristo, desea a sus lectores la paz que viene del conocimiento verdadero de Dios y de Jesucristo. Dicho conocimiento ayuda a crecer en la fe y la genuina vivencia de la fe lleva a crecer en la virtud. El auténtico conocimiento de Dios y de Cristo tiene su fuente primaria en la Sagrada Escritura, la cual el creyente es invitado a leer asiduamente, dado que como dirá San Jerónimo, "el desconocimiento de la Escritura, es desconocimiento de Cristo".

✠ *¿Qué más podemos aprender de este pasaje?*

El testimonio apostólico (2 Pe 1:12-21)

El mismo domingo de Resurrección, Jesús se apareció a los discípulos, pero Tomás no estaba con ellos. Al oír a los demás apóstoles que habían visto al Señor, Tomás se rehusó a creer y puso como condición tocar las llagas del Señor. Ocho días después, Jesús se les apareció de nuevo y le dijo a Tomás que tocase sus llagas en las manos y su herida en el costado. Tomás entonces confesó: "¡Señor mío y Dios mío!" (Jn 20:28), a lo que Jesús respondió, "Dichosos los que no han visto y han creído" (Jn 20:29).

La mayoría de los cristianos del tiempo del autor no vieron a Cristo resucitado; pero ellos y los que les siguieron a lo largo de los siglos, en una cadena casi innumerable, creyeron que Jesús había resucitado. Nosotros creemos porque hemos recibido el don de la fe por el poder del Espíritu Santo; pero creemos también apoyándonos en el testimonio de los Apóstoles, que como los profetas, no hablaron por iniciativa propia, sino movidos por el Espíritu Santo y nos transmitieron lo que ellos presenciaron y por lo cual dieron la vida. La fe es precisamente creer sin haber visto. Con fe, nosotros también proclamamos con Tomás, "Señor mío y Dios mío".

✠ *¿Qué más podemos aprender de este pasaje?*

Falsos maestros (2 Pe 2)

A lo largo de la historia de la salvación, muchos falsos profetas aparecieron, anunciando no precisamente la Palabra de Dios, sino en muchos casos todo lo contrario. En el mundo de hoy también pululan los falsos maestros, que con su vida e ideas, a través de los diversos canales de la cultura (fuentes de información, redes sociales, música, moda, etc.) proponen un camino de vida contrario al Evangelio. A los cristianos les es ofrecido de forma atractiva el culto a los ídolos del bienestar material y del placer a cualquier precio, los cuales se convierten para muchos en "dioses paganos", el centro de su vivir cuotidiano. Con su admonición el autor de 2 Pedro nos invita a tomar conciencia de esta realidad, presente en todas las épocas, y a asumir con responsabilidad nuestro compromiso cristiano, promesa de amistad y fidelidad para con Aquel que nos ha llamado para ser sus amigos.

✠ *¿Qué más podemos aprender de este pasaje?*

PARTE 2: ESTUDIO INDIVIDUAL (2 PE 3)

Día 1: La llegada del día del Señor (2 Pe 3:1-10)

El autor empieza el capítulo hablando de su carta como la segunda que envía a sus lectores. La alusión es posiblemente a 1 Pedro, aunque no es del todo seguro que ambas cartas provengan del mismo autor.

El autor de 2 Pedro dice a sus lectores que les escribe la segunda carta por la misma razón que la primera, es decir, para enseñarles a discernir las palabras de los profetas y el auténtico mensaje de Jesús, Señor y Salvador. La autoridad de los Apóstoles, así como la de los profetas, viene de la inspiración de Dios, de la acción del Espíritu Santo que hablaba por medio de ellos, de modo que transmitieron la Palabra de Dios y de Cristo.

El argumento de este capítulo es el de la segunda venida del Señor. El retraso de la segunda venida del Señor hacía vacilar en su fe a la generación a la que el autor escribía (cristianos de segunda y tercera generación). Algo semejante le sucedió a una comunidad de Pablo (cf. 1 Ts 5). Dieron oídos a los falsos maestros, que partiendo de la cuestión de la parusía, sembraban inquietud. Estos falsos profetas sostenían que desde que murieron los "Padres" (referencia a los profetas del Antiguo Testamento, aunque lo más probable es que se refiera a la generación de los Apóstoles), todo seguía igual "como al principio de la creación" (v.4).

A esta al parecer difusa objeción, el autor responde que los cielos y la tierra tuvieron origen y se mantienen por la Palabra de Dios (cf. Gn 1). Por esto, al esparcirse la corrupción sobre la tierra, por esta misma Palabra vino el diluvio sobre los impíos. Y recuerda que los mismos cielos y tierras presentes no son eternos: pasarán y a los impíos que viven en ellos, les está reservado un juicio de destrucción. Citando la Escritura, recuerda además que para el Señor, un día es como mil años y mil años como un día (cf. Sal 90:4). No es que se retrase el cumplimiento de la Palabra del Señor, sino que procediendo así, Dios usa de paciencia para con los hombres, dándoles tiempo para que se conviertan.

El Día del Señor vendrá, no obstante las enseñanzas de los falsos maestros. Conforme el Señor mismo anunció (cf. Mt 24:43-44; 1 Ts 5:2), este llegará por sorpresa, como un ladrón, poniendo fin al tiempo presente y trayendo el juicio final.

Lectio Divina

Emplea de 8 a 10 minutos a la contemplación silenciosa del siguiente pasaje:

A lo largo de los 2000 años de historia del Cristianismo, fueron surgiendo predicadores que anunciaban el fin del mundo, pero este nunca llegó. Jesús dijo claramente que nadie conoce el tiempo preciso del fin (cf. Mc 13:32). De acuerdo con la Segunda carta de Pedro y el apóstol Pablo, es la amorosa paciencia de Dios la que mantiene al mundo en existencia. Dios quiere dar a cada persona la posibilidad de salvarse. Mientras más tiempo vive un pecador, mayor es la oportunidad de un cambio de vida. Solamente Dios sabe cuándo el mundo llegará a su fin. Nosotros debemos vivir cada día con responsabilidad, como si fuera el último, pues ciertamente ya sea por el fin del mundo o por nuestra muerte natural, nuestra vida algún día llegará a su fin.

✠ *¿Qué más podemos aprender de este pasaje?*

Día 2: Estar preparados para el fin (2 Pe 3:11–18)

Dado que todo llegará a su fin inesperadamente, el autor anima a sus lectores a vivir una vida santa y piadosa, esperando y acelerando la venida del "Día de Dios", cuando los cielos y sus elementos se disolverán y se derretirán por el fuego. Según la promesa de Cristo, habrá nuevos cielos y nueva tierra, en los que habitará la justicia (cf. Is 65:17). El nuevo estado del mundo, en el que reinará la justicia de Dios, seguirá al juicio final.

El autor concluye la carta animando a sus lectores a permanecer irreprehensibles y sin mancha, esperando serenamente la segunda venida. Los invita a ver en el retraso de la segunda venida de Cristo la paciencia de Dios que desea la salvación de todos.

A continuación menciona al apóstol Pablo, a quien llama "hermano querido". Pablo también habló de los misterios de la segunda venida de Cristo y también recordó a sus oyentes que la paciencia de Dios era para su conversión (cf. Rom 2:4). Los que no tenían fe deformaban el mensaje de Pablo y el de todas las Escrituras, para su propia perdición. Finalmente, habiéndolos prevenido por medio de su escrito sobre los errores de los disolutos, el autor concluye su escrito invitando a los lectores a permanecer firmes, procurando crecer en la gracia de Dios y en el verdadero conocimiento de nuestro Señor y Salvador, Jesucristo, para quien es la gloria ahora y por los siglos.

Lectio Divina

Pasa de 8 a 10 minutos en contemplación silenciosa del siguiente pasaje:

Vivir una vida virtuosa, en actitud vigilante, estando siempre preparados para la venida del Señor, es importante; pero eso no puede hacer al cristiano olvidar que tiene una misión en la tierra, en el tiempo que Dios le concede. En una ocasión, estando Domingo Savio y otro niño jugando, alguien se les acercó y les preguntó qué harían si supieran que les quedaban diez minutos de vida. El otro niño dijo: "me iría a la Iglesia a confesar"; y Domingo contestó: "Yo seguiría jugando". Tal era la paz de conciencia que sentía en su fiel amistad con Cristo.

El autor de 2 Pedro invita a sus lectores a vivir en actitud de vigilancia, motivados por las palabras del Señor sobre el último día (cf. Mc 13:37); pero a la vez los invita a crecer siempre más en la gracia y el conocimiento de Cristo, que es fuente de paz y serenidad. Al igual que santo Domingo Savio, el cristiano puede estar tranquilo en todos los momentos de su vida, motivado por la fe y la confianza en la misericordia del Señor.

✠ *¿Qué más podemos aprender de este pasaje?*

Preguntas de repaso

1. ¿Por qué el autor de 2 Pedro se ve en la necesidad de alertar a sus lectores sobre los que se burlan de la segunda venida de Cristo?

2. ¿Qué razón ofrece el autor para la demora de la segunda venida de Cristo?

3. ¿Qué nos dice el autor de la Segunda carta de Pedro sobre los nuevos cielos y la nueva tierra?

4. ¿Qué consejo ofrece la Segunda carta de Pedro sobre la preparación para el fin de los tiempos?

Vivir como hijos de Dios

1 JUAN 1–5

"Queridos, ahora somos hijos de Dios y aún no se ha manifestado todavía lo que seremos. Sabemos que, cuando se manifieste, seremos semejantes a él, porque lo veremos tal cual es" (1 Jn 3:2).

Oración inicial (Ve p. 15)

Contexto

Parte 1: 1 Juan 1-3:10. Aunque el autor no se identifica a sí mismo, empieza su carta expresándose como uno que fue testigo de la vida terrena de Cristo. Usa términos que recuerdan el prólogo del Evangelio de Juan. El mensaje del Señor es la Palabra de vida, que el autor comparte con sus lectores en vistas a la vida eterna en comunión con aquellos que estuvieron con el Señor. Dios es luz y aquellos que caminan en la luz se unen al Hijo de Dios, el cual quita los pecados del mundo. Recuerda el mandamiento del amor que ellos recibieron y los anima a no amar el mundo ni las cosas del mundo, recordando que muchos anticristos ya aparecieron en el mundo. Los anima a permanecer fieles a Cristo, agradecidos por su venida. El mundo no conoce a los hijos de Dios porque no conoce a Cristo. Los anima a vivir una vida santa para que Dios permanezca en ellos.

Parte 2: 1 Jn 3:11-5. El autor anima a sus lectores al amor mutuo, recordando el ejemplo que Cristo nos dio al entregar su vida por nosotros. En el mundo existen falsos profetas que proponen falsas doctrinas. El criterio para discernir si una doctrina viene o no de Dios, es la afirmación de la venida de Cristo en la carne. Aquellos que pertenecen a Dios, escuchan a Dios. El fundamento del amor recíproco es el amor de Dios, quien nos amó primero y manifestó su amor enviándonos a su hijo. Dios es amor y quien permanece en el amor permanece en Dios y Dios en él. Con este amor y con esta fe, los cristianos salimos victoriosos de las dificultades del mundo. Concluye con una oración por los pecadores.

PARTE 1: ESTUDIO EN GRUPO (1 JN 1-3:10)

Leer en voz alta 1 Juan 1-3:10

La Palabra de vida (1 Jn 1:1–4)

La línea inicial de 1 Juan habla de lo que era "desde el principio". El Evangelio de Juan empieza con una idea semejante: "En el principio existía la Palabra" (Jn 1:1). Pero mientras el Evangelio de Juan alude a la preexistencia de la Palabra, la carta parece referirse más bien al primer momento del encuentro de los Apóstoles con Jesús. En este caso, "el principio" se refiere al tiempo cuando por primera vez el autor oyó, vio y entró en contacto con el mensaje y la persona de Jesucristo. Se trata de una referencia genérica a sus primeras experiencias con Jesús.

El autor predica el Jesús histórico, la Palabra de vida, que se hizo visible y cuyo paso por este mundo el autor dice haber atestiguado. Pero aunque su expresión inicial no se refiere a la preexistencia de la Palabra, el autor a continuación añade que Jesucristo compartía la vida que estaba en el Padre, una vida eterna que se hizo visible en Jesús, Palabra hecha carne, que puso su morada entre nosotros (cf. Jn 1:14).

El autor proclama con alegría aquello que oyó y vio, para que el lector esté en comunión con él, que a su vez está en comunión con el Padre y con su Hijo, Jesucristo. Así como el Padre y el Hijo son uno, así también el autor, al estar en comunión con Jesús, está también en comunión con el Padre. Independientemente de si el autor fue o no testigo directo de la vida de Cristo (dado que algunos comentaristas fechan la carta hacia finales del siglo primero), sin duda, habiendo sido miembro de la comunidad joánica, tenía conciencia de que Juan, uno de los doce, había caminado con Jesús.

Dios es luz (1 Jn 1:5–10)

Uno de los temas recurrentes en el Evangelio de Juan es el del contraste entre la luz y las tinieblas. En el prólogo, Juan da testimonio de que Jesús es la luz que brilla en la oscuridad (cf. Jn 1:5) y Jesús más tarde dirá de sí mismo, "Yo soy la luz del mundo" (cf. Jn 8:12). En 1 Juan el autor afirma que Dios es luz y que en él no hay tiniebla alguna. Por lo tanto aquellos que afirmar estar unidos a Dios pero caminan en las tinieblas del mal, son mentirosos en palabras y obras. El autor identifica las tinieblas con la vida pecaminosa que algunos escogen vivir. Aquellos que caminan en la luz, no solamente viven en unión con Dios, sino que están también unidos unos a otros. Caminar en la luz quiere decir caminar en la verdad y en la santidad. Aquellos que caminan en la luz son purificados de sus pecados por la sangre de Jesús (es decir, por el misterio de su pasión, muerte y resurrección).

La primera condición para vivir en la luz es romper con el pecado. Para esto es necesario reconocer humildemente la propia pecaminosidad, confiando en que Dios perdona a los que saben reconocer las propias culpas. Negar que tenemos pecados es permanecer en el pecado y, por tanto, permanecer en las tinieblas. Aquel que niega tener pecado se engaña a sí mismo y no vive en la verdad. Si reconocemos nuestros pecados, el Dios verdadero y justo nos purificará de los mismos, transformando nuestras tinieblas en luz.

Quien niega los propios pecados, niega la revelación de Dios en las Escrituras, haciendo de Dios un mentiroso. De esta manera, alejamos la Palabra de Dios de nuestra vida y nos cerramos a su perdón.

El nuevo mandamiento del amor (1 Jn 2:1–11)

A continuación el autor se dirige a su auditorio con la afectuosa expresión de "hijos míos", que utilizará otras veces en su carta. Dicha expresión la utilizó Jesús en la Última Cena al referirse a sus discípulos (cf. Jn 13:33). San Pablo utiliza expresiones semejantes en sus cartas (cf. por ejemplo 1 Cor 4:14).

El autor les escribe para guardarlos del pecado. Pero dice a continuación que si alguien peca, que recuerde que tienen un abogado ante el Padre, Jesucristo. En el Evangelio de Juan, Jesús habla del Abogado que enviaría a sus discípulos refiriéndose al Espíritu Santo (cf. Jn 14). En este pasaje es

Jesús, el Justo, el que aparece como el abogado. Jesús vino como ofrenda por los pecados, no solo de los creyentes, sino de los de todo el mundo.

De acuerdo con 1 Juan, el verdadero conocimiento de Cristo no es simplemente conocimiento sobre Cristo, sino que implica una vida de acuerdo con los mandamientos que él nos dio. Aquellos que dicen conocer a Cristo, pero no viven su mensaje son mentirosos y no tienen la verdad que Cristo nos transmitió. Por el contrario, aquellos que viven conforme a las enseñanzas de Jesús, viven en la verdad y el amor. Quien dice permanecer en Cristo, es decir, vivir en unión con Cristo, debe vivir como Jesús vivió.

A continuación el autor dice a sus lectores que no les está dando un mandamiento nuevo, sino recordando aquel que ellos recibieron desde el inicio, aludiendo al momento de su primer encuentro con Cristo en la fe. Por otro lado, en línea con lo que Jesús dice en el Evangelio de Juan (cf. Jn 13:34), el mandamiento del que está por hablar es un mandamiento nuevo. El cristiano que vive el precepto de la caridad como Cristo lo enseñó, entra en la dinámica del amor de Dios, que es todo gratuidad. Cuando una persona obra en unión con Cristo resucitado, la luz vence a las tinieblas. El que dice amar a Dios, que es luz, pero aborrece a su hermano, permanece en la oscuridad. Aquel que ama a su prójimo vive en la luz y por ello no teme caer o tropezar. Por el contrario, aquel que aborrece a su hermano, camina en la oscuridad. Cegado por las tinieblas, esa persona no sabe hacia dónde camina.

Permanecer fieles (1 Jn 2:12–17)

En este pasaje, el autor habla a "hijos", "padres" y "jóvenes". Hay divergencia de opiniones entre los comentaristas sobre el significado de estos apelativos. Algunos piensan que estos se refieren a los que se han adherido recientemente a la fe ("hijo"), los que llevan más tiempo como cristianos ("padres") y los que están en proceso de crecimiento y maduración en la fe ("jóvenes"). Otros piensan que los apelativos se refieren a funciones que se desarrollaban en la comunidad. A cada uno de ellos el autor se dirigirá dos veces en la sección.

En su primera exhortación a los "hijos", les recuerda que sus pecados fueron perdonados en el nombre de Jesús; a los "padres" les recuerda que ellos conocen al Padre desde el comienzo; y a los "jóvenes" les dice ser consciente de que son fuertes en la fe, viviendo la Palabra de Dios y que por ello han vencido al Maligno.

En su segunda exhortación a los hijos, les recuerda que ellos conocen verdaderamente al Padre; a los padres, les repite lo que había dicho anteriormente; a los jóvenes los anima a permanecer firmes para que la Palabra de Dios permanezca en ellos, ya que por ella han vencido al Maligno.

A continuación el autor alerta a sus lectores sobre el amor al mundo y a las cosas del mundo. Por "mundo", en línea con lo que entiende Juan en su Evangelio, el autor se refiere a todo aquello que del mundo circunstante se opone a Dios. Aquellos que aman el mundo no dejan lugar para el amor del Padre, porque los deseos de la carne, de los ojos y la arrogancia de las riquezas no provienen de Dios, sino del mundo. El mundo con su vanidad pasa, pero los que hacen la voluntad de Dios permanecen para siempre. Aunque los cristianos deben vivir en el mundo, estos deben luchar contra todas las seducciones que el mundo les ofrece.

Los anticristos (1 *Jn* 2:18–29)

El autor de 1 Juan declara que esta es "la última hora". En la comunidad cristiana primitiva, la "última hora" no indicaba solamente los últimos días, sino también el tiempo en el que el poder del mal se haría más fuerte para desviar a las personas de Dios. Este poder del mal actúa como un anticristo, en el sentido de un ser que se opone a Cristo como individuo o como grupo.

Al contrario de los oponentes venidos de fuera del Cristianismo (como son los líderes religiosos que desafiaron Jesús en los relatos evangélicos), los opositores de Cristo se encuentran ahora dentro de la comunidad. Por ello el autor alerta a su auditorio contra estos falsos cristianos. Dichas personas dejaron la comunidad, porque en realidad nunca se integraron con ella, de lo contrario habrían permanecido.

A continuación el autor recuerda a sus lectores que poseen "la unción del Santo". La unción era considerada símbolo de la fuerza y los cristianos recibían una en la celebración del sacramento del Bautismo. La expresión usada por el autor se refiere a la unción del Espíritu Santo dada al Mesías y a través de Él a los fieles (cf. Lc 4:1.14.18; Is 61:1-2). La fuerza espiritual, que nos viene con esta unción, también es fuente de conocimiento y una ayuda para vivir la fe. El Espíritu Santo lleva al creyente al auténtico conocimiento de Dios y de Cristo. Los anticristos son aquellos que viven fuera de la verdad. Son mentirosos, niegan que Jesús es el Cristo y al negar al Hijo, niegan también al Padre (cf. Jn 14:9).

Les anima a permanecer fieles a las enseñanzas que recibieron desde el inicio, para que permanezcan unidos al Padre y al Hijo. De los que perseveran en la fidelidad es la promesa de la vida eterna. Todo lo que les ha venido diciendo ha sido para alertarles contra aquellos que intentan engañarles. Concluye diciendo que tengan confianza en la unción que recibieron, que les da el verdadero conocimiento (cf. Jr 31:31-34) y les recuerda que todo el que obra la justicia ha nacido de Dios.

Los que pertenecen a Dios (1 Jn 3:1–10)

El capítulo 3 de la carta se ocupa de manera especial del argumento de la filiación divina del bautizado. El autor inicia invitando a sus lectores a reconocer la grandeza del don que han recibido, al ser llamados hijos de Dios, ¡porque de hecho lo son! El creyente recibe el regalo de la filiación divina por el Bautismo a través del cual se hace hijo en el Hijo. En el Evangelio de Juan leemos que todos los que aceptan la Palabra encarnada (Jesús), reciben el poder de hacerse hijos de Dios (cf. Jn 1:12). Aunque somos de hecho hijos de Dios, el mundo no comprende lo que significa esta gracia, porque no está en sintonía con Dios. Los que viven según el espíritu del mundo, se guían solamente por lo que ven sus ojos. La razón por la que el mundo no comprende a los seguidores de Cristo es porque no ha conocido a Cristo (cf. Jn 15:18). En efecto, muchos contemporáneos del Señor, lo vieron con sus propios ojos, pero no lo reconocieron en su realidad de Dios hecho hombre.

A continuación el autor enseña que aunque desde ahora los cristianos participan de la realidad de ser hijos de Dios, será solamente en el tiempo futuro, cuando esta realidad maravillosa se actuará en plenitud. Los cristianos entonces serán semejantes a Cristo y verán a Cristo en toda la realidad de su misterio. Aquellos que esperan en Cristo se purifican, porque Cristo es puro.

En oposición a aquellos que viven en la pureza del Cristo resucitado, están aquellos que viven en el pecado, al cual el autor llama "iniquidad". Anteriormente el autor contrastaba la luz y las tinieblas; ahora contrasta la justicia y el pecado. Aquellos que obran con rectitud son justos como Jesús es justo. Aquellos que proceden contra este principio, se engañan a sí mismos y engañan a otros. La persona que peca desdice de su condición de hijo de Dios. El pecado es trasgresión de la Ley de Dios y todo aquel que peca se pone de la parte del Diablo, que es pecador desde el principio.

El Hijo de Dios vino para destruir la obra del Diablo, es decir, la iniquidad (el pecado). La "semilla de Dios" permanece en el justo y este no cede al pecado, porque nació de Dios. Con la expresión "semilla de Dios", el autor parece referirse al Espíritu Santo o bien a la gracia santificante. La reflexión de esta parte podría dar la impresión de contradecir lo que el autor dice en el capítulo 1, sobre la mentira del que dice no tener pecado (cf. 1:8-10). Sin embargo, al decir que el justo no peca, el autor quiere significar que, por el hecho de esforzarse por vivir como hijo de Dios, el justo jamás se abandona al camino del pecado. Podrá caer en el pecado, pues como dice la Escritura hasta el justo cae muchas veces (cf. Pr 24:6), pero sabrá levantarse, pues es consciente de que en Cristo tiene siempre acceso a la misericordia del Padre (cf. 2:1-2).

A esta luz se puede comprender mejor la distinción que hace el autor entre los hijos de Dios y los "hijos del Diablo". El que no obra la justicia (en sentido bíblico de obrar conforme al querer de Dios) y no practica la caridad para con sus hermanos y hermanas, no vive como hijo de Dios y, por tanto, se hace "hijo del Diablo", en cuanto que, obrando la iniquidad, sigue el camino del que fue pecador desde el principio (cf. 3:8; Jn 8:44).

Preguntas de repaso

1. ¿Qué dice el autor de 1 Juan sobre su testimonio del Señor?
2. ¿Qué quiere decir el autor con la metáfora de la luz y las tinieblas? ¿Qué entiende con el término "mundo"?
3. ¿Cómo podemos estar seguros de que conocemos a Dios?
4. ¿Quiénes son los anticristos?
5. ¿Qué entiende el autor con la expresión la "unción del Santo"?
6. ¿Cómo conciliamos estas dos afirmaciones del autor, de que todos pecan (cf. 1:8-10) y la enseñanza de que los hijos de Dios no pecan (3:9)?
7. Según el autor, ¿cómo deben vivir los hijos de Dios?

Oración final (Ver p. 16)

Hacer la oración final ahora o después de la *lectio divina*.

Lectio Divina (Ver p. 8)

Relájate y mantén una postura de oración (espalda recta, ojos cerrados, pies apoyados en el suelo). Este ejercicio puede durar cuanto gustes, pero en el contexto de este estudio bíblico, de 10 a 20 minutos deberían ser suficientes.

Las meditaciones que siguen se ofrecen para ayudar a los participantes a usar esta forma de oración, pero hay que considerar que la *Lectio* está pensada para conducirlos a un ambiente de contemplación orante, donde la Palabra de Dios habla al corazón de quien la escucha (ve la página 8 para más instrucciones).

La Palabra de vida (1 Jn 1:1–4)

Pasando por una carretera, un hombre vio a una anciana muy bien vestida, parada cerca de su coche que tenía la llanta ponchada. Paró y se ofreció a ayudarle. Después de cambiar la llanta, la señora le dio un billete de cien dólares junto con un "gracias". El hombre no quería aceptarlo, a lo que la señora añadió: "si no lo quieres, dáselo a otra persona".

Siguiendo su viaje, el hombre se paró en una gasolinera para cenar. Al observar el estado de los zapatos de la mesera, le dejó el billete de cien dólares como propina. Esta no quería aceptarlo, pero él le repitió la frase de la anciana: "si no lo quieres, dáselo a otra persona".

La mesera a su vez, habiendo terminado su turno, pasó por la casa de su madre y le dejó el billete de cien dólares, para que se comprara sus medicinas, pues era pobre. La madre no lo quería aceptar, pero la chica insistió, diciendo: "Cómprate tus medicinas. Cuando estés mejor, quizás tendrás oportunidad de hacer algo semejante con alguien más".

El autor de 1 Juan nos da una importantísima información que él recibió. Habiendo sido testigo de la divinidad del Señor, nos transmite la bondad que experimentó. El conocimiento de Jesús y la experiencia de su amor han llevado a muchos hombres y mujeres a llevar adelante la buena nueva del Evangelio. También nosotros estamos invitados a profundizar en nuestra experiencia del Señor resucitado y a transmitirla a los demás.

✠ *¿Qué más podemos aprender de este pasaje?*

Dios es luz (1 Jn 1:5–10)

Un cuento antiguo narra que cierto día el sol, que jamás había visto la oscuridad, quiso intercambiar su lugar con el de las tinieblas, las cuales vivían en lo profundo de una cueva. Al salir de la cueva, la oscuridad no pudo mantenerse en pie, pues la brillantez del sol inundaba todo. El sol entonces quiso entrar a la cueva, pero el resultado fue el mismo. Entonces entendieron que donde estaba el sol no podían estar las tinieblas.

El autor de 1 Juan nos dice que Dios es luz. La presencia de Dios en la vida del que cree llena a este de seguridad, alegría y paz, expulsando toda tiniebla de duda, tristeza o inquietud. Aquellos que experimentan el amor de Cristo en sus corazones, gozan de profunda paz. La luz de Cristo vence a las tinieblas del pecado en el mundo. La persona que vive en pecado, vive en la oscuridad y la luz de Dios no puede estar en ella.

✠ *¿Qué más podemos aprender de este pasaje?*

El nuevo mandamiento del amor (1 Jn 2:1-11)

En la Última Cena Jesús dijo que "En esto conocerán todos que son discípulos míos: si se tienen amor los unos a los otros" (Jn 13:35). Dice el refrán que, "las palabras mueven, pero el ejemplo arrastra". El autor de 1 Juan nos recuerda que aquel que dice permanecer en Cristo, ser seguidor de Cristo, debe vivir como vivió Él. En los Hechos de los Apóstoles, Pedro resume la vida de Jesús diciendo que pasó haciendo el bien, que es lo mismo que decir, amando a sus hermanos (cf. Hch 10:38). Si decimos vivir en la luz, pero aborrecemos a nuestro prójimo, en realidad seguimos en la oscuridad y quien camina en la oscuridad, no sabe a dónde va. El amor al prójimo nos hace permanecer en la luz y caminar en la luz.

✠ *¿Qué más podemos aprender de este pasaje?*

Permanecer fieles (1 Jn 2:12–17)

Vivimos en un mundo de grande agitación, preocupaciones y tentaciones, o en palabras del autor de 1 Juan, de concupiscencia de la carne, concupiscencia de los ojos y arrogancia de las riquezas (2:16). Pero creemos que Dios está con nosotros en nuestras luchas y por eso podemos perseverar en su amistad y gracia. Jesús nos dijo que el que guarda sus mandamientos es quien le ama y el que le ama es amado por el Padre (cf. Jn 14:21). La certeza del amor de Dios hacia nosotros nos anima a perseverar en el esfuerzo por vivir según nuestra condición de hijos de Dios, siguiendo sus mandamientos. El autor de la 1 Juan nos recuerda que el mundo y sus concupiscencias pasan pero quien cumple la voluntad de Dios permanece para siempre.

✠ *¿Qué más podemos aprender de este pasaje?*

Anticristos (1 Jn 2:18-29)

Durante su pasión, Jesús afrontó terribles sufrimientos físicos pero no menos duros fueron sus sufrimientos emocionales. Cuánto no le habrá hecho sufrir ver tantos rostros conocidos, quizás favorecidos con algún milagro, pidiendo a Pilatos su crucifixión… Y aún más, qué sufrimiento no le habrá causado el abandono de sus amigos, la negación de Pedro, la traición de Judas con un beso… "¿No es un disgusto mortal que un compañero o amigo se convierta en enemigo?" (Ecl 37:2; cf. Sal 55:13-15). El autor de 1 Juan habla de los anticristos, de aquellos que se oponían a Cristo y a los cristianos con doctrinas contrarias al Evangelio. Pero menciona, no sin dolor, que muchos de ellos provenían de la misma comunidad de los discípulos. Afirma que en realidad nunca pertenecieron a Cristo. Jesús cierta vez dijo, "El que no está conmigo, está contra mí; y el que no recoge conmigo, desparrama" (Lc 11:23). Es una gracia y un esfuerzo perseverar en el camino de Jesús.

✠ *¿Qué más podemos aprender de este pasaje?*

Aquellos que pertenecen a Dios (1 Jn 3:1-10)

Todos los cristianos están llamados a ser santos. Quizás no todos serán "santos de altar", pero todos están llamados a crecer en el amor a Dios y al prójimo, y así identificarse más profundamente con Cristo. Los santos tenían un objetivo en mente: permanecer fieles a Dios, costara lo que costara. Cuántos sufrieron duras tentaciones, dolores, dudas, rechazo e incluso la muerte a causa de su adhesión a Cristo. Los santos eran personas normales como nosotros, que supieron corresponder de modo generoso y delicado a las llamadas del Espíritu Santo a su corazón y eso los unía más y más a Dios. Santos en definitiva son aquellos que saben vivir como hijos de Dios. Como dice al autor, caminando en la justicia se hacen justos como Él es justo.

✠ *¿Qué más podemos aprender de este pasaje?*

PARTE 2: ESTUDIO INDIVIDUAL (1 JUAN 3:11-5)

DÍA 1: AMÉMONOS LOS UNOS A LOS OTROS (1 JN 3:11–24)

El autor recuerda a sus lectores que desde el primer encuentro con el mensaje de Cristo, ellos recibieron el mandamiento del amor fraterno. Para resaltar la importancia de esta enseñanza, el autor refiere la historia de Caín y Abel (cf. Gn 4). Caín es presentado como un anti-ejemplo por haber matado a su hermano, apareciendo así como uno que pertenecía al Maligno (cf. 3:12). Su pecado fue motivado por la envidia, dado que las obras de su hermano eran justas mientras las suyas no. Los seguidores de Jesús no deben sorprenderse si el mundo, que se encuentra bajo el influjo del mal, los aborrece.

Y partiendo del tema vida/muerte, el autor afirma que los seguidores de Cristo han pasado de la muerte a la vida en Cristo, siendo señal inequívoca de esta vida nueva el amor recíproco. Aquellos que aborrecen a sus hermanos permanecen en la muerte, viven en la oscuridad del mal. Todo el que aborrece a su hermano es un homicida, pues no querer a un hermano significa que este ya no existe para uno, se le ha dado muerte, por así decir, en el propio corazón. Jesús dijo que nadie tiene amor más grande que el que da la vida por sus amigos (cf. Jn 15:13). El cristiano, por tanto, como seguidor de Jesús, también está llamado a donar su vida en favor de sus hermanos, siguiendo el ejemplo del Maestro.

La vivencia del amor fraterno hace permanecer el amor de Dios en el corazón del creyente. Un amor fraterno que no significa un mero sentimiento de fraternidad, sino que ayuda de forma concreta al hermano necesitado. El verdadero amor está hecho de obras.

Aquel que ama está en paz con Dios, dado que su corazón no le reprocha su egoísmo o cerrazón. Y quien está en paz con Dios puede estar seguro de recibir de Él lo que le pida, porque está viviendo sus mandamientos. En el Evangelio de Juan, Jesús enseña que la obra de Dios es creer en aquel que él envió (cf. Jn 6:29). El autor de 1 Juan une esta enseñanza con el amor al prójimo, diciendo que estos dos elementos son el mandamiento de Dios (cf. 3:23). El que guarda sus mandamientos permanece en Dios y Dios permanece en Él. Y en línea con la enseñanza de san Pablo, la cual nos enseña que el amor de Dios ha sido derramado en nuestros corazones por el Espíritu Santo que nos fue dado (Rom 8:15), el autor escribe que nosotros reconocemos que Dios permanece en nosotros, por el Espíritu que nos dio. El Espíritu Santo mueve al creyente al amor de Dios y del prójimo, según el ejemplo de Jesús. "Si vivimos por el Espíritu, sigamos también al Espíritu" (Gál 5:25).

Lectio divina

Pasa de 8 a 10 minutos en contemplación silenciosa del siguiente pasaje:

San Juan de la Cruz, a la luz de la parábola sobre el juicio final (Mt 25), nos recuerda que "al atardecer de la vida seremos juzgados por el amor". De hecho, Jesús en la escena del juicio final se presenta como un Juez Pastor que separa a las ovejas de los cabritos. Detrás de estas imágenes se encuentran aquellos que amaron a sus hermanos y los que se cerraron en su egoísmo. Jesús nos recuerda que se identifica con los más pequeños de los hermanos, los que pasan hambre y sed, carecen de vestido y sufren enfermedades, y los que se encuentran en la cárcel. Y todo lo que haga en beneficio de uno solo de estos hermanos más pequeños, Jesús lo considera como hecho a Él. La parábola deja claro que el amor fraterno vivido conforme a la novedad del Evangelio es la materia principal del juicio final en vistas a la vida eterna o a la condenación eterna. En línea con la enseñanza de Jesús en el Evangelio de Juan, el autor de la carta insiste en la centralidad del mandamiento nuevo de Jesús. Es la vivencia de la caridad fraterna lo que nos muestra si alguien vive el Cristianismo de forma auténtica.

✠ *¿Qué más podemos aprender de este pasaje?*

Día 2: DIOS ES AMOR (1 JN 4)

El autor de 1 Juan manifiesta la inquietud de que los cristianos sepan distinguir entre la acción del Espíritu de Dios y los falsos espíritus del mundo. En el mundo hay muchos falsos profetas, que guiados por el espíritu del mundo y por el Espíritu Santo, enseñan doctrinas y propuestas de vida contrarias a la de Cristo y su Evangelio. Por ello el autor urge a sus lectores a no aceptar cualquier espíritu, sino a discernir si un espíritu viene de Dios o no. Para ello ofrece algunas guías de discernimiento. Aquellos que afirman la venida del Hijo de Dios, Jesucristo, en la carne, tienen el Espíritu de Dios. Aquellos que niegan esta verdad fundamental no tienen el Espíritu de Dios sino del anticristo, cuya venida y acción en el mundo había sido anunciada por el Señor (cf. Mt 24:5; Mc 13:6; Lc 21:8). A propósito del discernimiento de los espíritus, Pablo ofrece en la misma línea este consejo en la 1 Corintios: "Por eso les hago saber que nadie, movido por el Espíritu de Dios, puede decir: «¡Maldito sea Jesús!»; y nadie puede decir: «¡Jesús es Señor!» sino movido por el Espíritu Santo" (12:3).

El autor de 1 Juan dice a sus lectores que ellos han vencido a los falsos profetas porque Dios, que es mayor que el espíritu del mundo, habita en ellos. Los falsos profetas pertenecen al mundo y hablan el lenguaje del mundo. Por eso el mundo los escucha. Los que pertenecen a Dios y conocen a Dios, no siguen a los falsos profetas, porque tienen en ellos el Espíritu de Dios que les hace distinguir la verdad del error.

El autor introduce la siguiente sección de su exposición con una sentida invitación al amor fraterno. El amor tiene su origen en Dios y por eso el que ama ha nacido de Dios y conoce a Dios. Vive la vida nueva del Espíritu que lo hace hijo de Dios y le mueve a vivir el amor. Aquel que no ama, no conoce a Dios, porque Dios es en esencia amor. En línea con la enseñanza de Jesús que encontramos en el Evangelio de Juan (cf.3:16), el autor afirma que la gran manifestación del amor de Dios ha sido la venida de su Hijo Jesucristo al mundo, en el cual tenemos acceso al Padre y a la vida eterna.

La revelación sobre el amor de Dios va más allá de cualquier expectativa. No fuimos nosotros los que amamos a Dios primero, sino que él nos amó primero enviando a su Hijo al mundo como víctima de expiación por nuestros pecados. La comprensión de este gran misterio de fe, con la ayuda del Espíritu Santo, lleva al creyente a experimentar el amor que Dios le tiene y lo motiva a vivir el amor a Dios y a los hermanos.

El autor afirma que nadie jamás ha visto Dios (cf. 4:12), con excepción de Jesucristo, conforme a lo que leemos en el prólogo del evangelio de Juan: "A Dios nadie lo ha visto jamás: el Hijo Unigénito, que está en el seno del Padre, él lo ha contado" (1:18). Por eso, solamente en Cristo y por Cristo se puede alcanzar el conocimiento verdadero de Dios y en Él, por la acción del Espíritu Santo, hacer la experiencia de su amor. La afirmación del autor de 1 Juan de que Dios es amor es una síntesis muy lograda de la principal enseñanza de Jesús, según nos la trasmite el Evangelio de Juan. Por eso el autor añade que aunque nadie (de nosotros) ha visto a Dios, si vivimos el mandamiento de Jesús, amándonos los unos a los otros como Él nos amó, permanecemos en Dios y Dios permanece en nosotros. Por el Bautismo el creyente recibe el amor de Dios en su corazón, que es el Espíritu Santo. En Él, permanecemos en Dios y al corresponder con generosidad a sus gracias e inspiraciones, podemos llegar a la plenitud del amor, a Dios y a los hermanos.

A través del don del Espíritu Santo, creemos firmemente que Dios envió a su hijo como Salvador del mundo. Vemos por así decir con los ojos de la fe y, por medio de ella y del don del Espíritu Santo, podemos ser testigos del amor de Dios. Dado que Dios es amor, si permanecemos en el amor, permanecemos en Dios y Dios en nosotros. Y si vivimos en el amor, nada debemos temer para el día del juicio, pues el amor disipa todo temor. El cristiano que experimenta el temor al castigo de parte de Dios, aún no ha madurado en su experiencia del Dios amor. Y vuelve a exhortarnos: amemos porque Dios no amó primero (4:19).

Concluyendo su reflexión, el autor vuelve a recordar que el que no ama a su prójimo, no puede pensar que tiene en sí el amor de Dios, que ama a Dios. Y la razón es clara: uno que no ama a su prójimo a quien ve, no puede pensar que ama a Dios a quien no ve. Este es pues, en resumen, el mandamiento que hemos recibido del Señor: aquel que ama a Dios ame también a su hermano.

Lectio divina

Pasa de 8 a 10 minutos en contemplación silenciosa del siguiente pasaje:

La revelación profunda del misterio de Dios en Cristo es que Dios es amor. Todo el que profese la fe en el Dios amor se compromete a vivir el mandamiento nuevo de Jesucristo, que es el de amarnos los unos a los otros como Él nos amó. En la primera encíclica de su pontificado, dedicada al amor cristiano, así escribía el Papa Benedicto XVI: "La Iglesia es la familia de Dios en el mundo. En esta familia no debe haber nadie que sufra por falta de lo necesario" (Deus caritas est n.25). El Papa Francisco, llevando adelante el proyecto de Dios para su Iglesia, sigue en la misma línea insistiendo, con su palabra y ejemplo, en la centralidad del amor fraterno, que tiene una suya expresión privilegiada en la atención a los más débiles y marginados. La familia de Dios tiene sus brazos abiertos a todos los hombres. "Por tanto, mientras tengamos oportunidad, hagamos el bien a todos, pero especialmente a nuestros hermanos en la fe" (Gál 6:10).

El autor de 1 Juan no nos dice que Dios nos ama, sino que Dios es amor. Esto quiere decir que todas las veces que manifestamos nuestro amor a los demás como Jesús, en ese momento estamos compartiendo el amor de Dios. Dado que Dios es amor, toda acción de amor verdadero y desinteresado es una acción de Dios en el mundo. Dios es amor y nosotros los cristianos estamos llamados a hacer presente ese amor en el mundo.

✠ *¿Qué más podemos aprender de este pasaje?*

Día 3: El espíritu, el agua y la sangre (1 Jn 5)

Aquellos que tienen fe en Jesucristo nacieron de Dios y aquellos que aman al Padre también aman al Unigénito de Dios. El autor insiste en que el verdadero amor a Dios conlleva el esfuerzo por vivir conforme a sus mandamientos (cf. Jn 14:15) y lleva a amar de manera particular a los hijos de Dios, es decir, a los hermanos en la fe. Los mandamientos de Dios no son pesados para aquellos que aman. Si observamos los mandamientos del Señor, manifestamos que hemos nacido de Dios y, por tanto, que somos hijos de Dios y por ellos podemos superar las dificultades del mundo. Todo aquel que cree que Jesús es el Hijo de Dios y obra en conformidad con su fe, ya alcanzó la victoria sobre el mundo. El amor de Cristo es más poderoso que todas las armas del mundo.

Jesús vino a nosotros a través del agua y de la sangre, es decir, por su bautismo y su crucifixión. El Espíritu es testigo de esto y el Espíritu es la verdad. En el Evangelio de Juan, Juan Bautista dio testimonio de que Jesús era el Elegido de Dios, pues vio bajar sobre él al Espíritu Santo y permanecer sobre él (cf. Jn 1:32). El autor de 1 Juan afirma que tenemos tres testigos sobre Jesús: el Espíritu, el agua y la sangre (cf. también Jn 15:26).

El testimonio dado por Dios es mucho más grande que cualquier testimonio humano. Aquellos que creen en el Hijo de Dios aceptaron ese testimonio, mientras que los que no creen, rechazaron el mensaje de Dios, haciendo de Dios un mentiroso. Y el testimonio de Dios es el mensaje de Dios, de que todo aquel que cree en su Hijo tiene la vida eterna.

El autor de 1 Juan asegura a sus lectores que les escribe estas palabras para que permanezcan en la fe en el Hijo de Dios. Les invita a confiar en la oración, pues al orar podemos estar seguros de que Dios atenderá nuestra oración, conforme a la enseñanza de Jesús (cf. Mt 7:7).

Fe y caridad fraterna son dos elementos constitutivos de nuestro ser como cristianos. Orar unos por otros es también signo y expresión de esta caridad. También es una gran expresión de caridad cuando vemos a un hermano o hermana en el camino del pecado, el autor de 1 Juan nos recuerda que debemos rezar por ellos, para que Dios los ayude a volver al camino de la vida. El autor distingue en esta parte el pecado que lleva a la muerte y el pecado que no, aunque no especifica a cuál pecado grave se refiere. Algunos comentaristas piensan, considerando la argumentación de la carta, en la apostasía de aquellos que negando que el Hijo de Dios se hizo visible en nuestra carne, se excluyen a sí mismos de la comunidad, de la comunión con los hermanos.

A continuación el autor reafirma que aquel que nació de Dios no peca, porque Dios lo protege del mal. Aquellos que escogen seguir los criterios del mundo están bajo el influjo del Diablo, mientras que los que siguen el camino de Dios, están guiados por el Espíritu de Dios. El Espíritu de Dios vino para ayudarnos a conocer al único Dios verdadero y a enseñarnos la vida en el Hijo, en vistas a la vida eterna. El Hijo es verdadero Dios y, como Dios, es la vida eterna.

El autor de 1 Juan concluye su carta amonestando a sus lectores para que eviten la idolatría, que en su tiempo significaba entre otras cosas, aceptar toda falsa enseñanza que alejaba al cristiano de Dios.

Lectio divina

Pasa de 8 a 10 minutos en contemplación silenciosa del siguiente pasaje:

Un santo mártir del siglo II, de nombre Policarpo, obispo de Esmirna, vivió una larga vida y a la edad de ochenta y seis años, le fue ordenado quemar incienso al emperador como un acto religioso. En aquella época se creía que el emperador era un dios y el rechazo a rendirle homenaje como tal significaba ser acusado de ateísmo y ser sancionado legalmente. Policarpo se rehusó a quemar incienso al emperador y tuvo que afrontar la tortura y la muerte. Cuando estaba próximo a morir, afirmó con gran valor que no podía negar a esas alturas de su vida a su Señor y Salvador, a quien había servido durante ochenta y seis años, y de quien solo había recibido bienes. Como castigo, Policarpo fue quemado vivo.

El autor de 1 Juan quería asegurarse de que los cristianos a quienes escribía permaneciesen firmes en su fe. Como Policarpo, a muchos de ellos se quiso obligar a aceptar falsas enseñanzas y a adorar a los ídolos. El autor les anima a permanecer firmes en la fe, conscientes de que aquellos que creen en Cristo heredarán la vida eterna.

✠ *¿Qué más podemos aprender de este pasaje?*

Preguntas de repaso.

1. ¿Qué quiere decir el autor al afirmar que todo aquel que aborrece a su hermano es un asesino?

2. ¿Cuál criterio fundamental ofrece el autor de 1 Juan para discernir "los espíritus"?

3. ¿Cuál es en síntesis la enseñanza del 1 Juan sobre Dios y el amor?

4. ¿Por qué es tan importante para nosotros amar a nuestros hermanos y hermanas?

5. ¿Cómo nos ayuda nuestra fe a vencer las tentaciones del mundo?

LECCIÓN 6

Un mensaje de salvación

2 JUAN, 3 JUAN, JUDAS

"Pero ustedes, queridos, edificándose sobre su santísima fe y orando en el Espíritu Santo, manténganse en la caridad de Dios, aguardando la misericordia de nuestro Señor Jesucristo para vida eterna" (Jds v.20-21).

Oración inicial (Ver p.15)

Contexto

Parte 1: 2 Juan. El breve escrito que lleva el nombre de Segunda carta de Juan se centra en la verdad de fe de que Jesucristo es el Hijo de Dios. En ella, el autor exhorta a sus lectores a seguir la ley de la verdad y del amor, evitando la doctrina de los falsos maestros y viviendo el mandamiento de la caridad.

Parte 2: 1 3 Juan y Judas. En la Tercera carta de Juan el autor exhorta a un cristiano de nombre Gayo a acoger a mensajeros enviados a él para predicar a Jesús. Alerta sobre la falsedad y ambición de un hombre llamado Diótrefes, el cual difunde errores, poniendo trabas a los que buscan la verdad y anima a sus lectores a perseverar en el bien, dado que las buenas obras vienen de Dios. En la carta de Judas, por su parte, el autor anima a los lectores a resistir a los que enseñan falsas doctrinas. Utiliza varios ejemplos del Antiguo Testamento para mostrar cómo el Señor castiga a los que obran contra sus mandamientos. Recuerda que, conforme a la advertencia de los Apóstoles, habrá hombres superficiales, que van a vivir según sus pasiones; pero no por ello deben vacilar en su fe.

PARTE 1: Estudio en grupo (2 JN)

Leer en voz alta 2 Juan.

Caminen en la verdad (2 Jn 1–6)

La carta está escrita por uno que se llama a sí mismo "el Presbítero". El título indica su oficio en la comunidad y a la vez lo designa como una persona de autoridad.

El autor dirige su carta a la "señora escogida", título que podría indicar a un individuo específico, pero lo más probable es que designe a una específica comunidad eclesial. Con el calificativo "escogida" el autor subraya la idea de la elección de Dios. Se dirige también a "sus hijos", que en este sentido serían los miembros de la comunidad.

El autor expresa su amor por esta Iglesia y expresa también el amor que reciben de otros que comparten la verdad con ella, una verdad que es eterna. La verdad se refiere a las enseñanzas de la verdadera fe en Jesucristo, en contraposición a las falsas doctrinas. En la unión en la fe y en el amor, todos comparten la gracia, la misericordia y la paz que viene de Dios Padre y de Jesucristo, Hijo del Padre. La referencia a Jesucristo como Hijo de Dios es el mensaje central de la carta contra aquellos que niegan que el Hijo de Dios vino en la carne. Los escritos que provienen de la comunidad joánica subrayan el mensaje de la verdad y el amor de Dios.

Siguiendo el típico esquema de las epístolas, el autor desea a sus lectores que la gracia, la misericordia y la paz que provienen del Padre y de su Hijo Jesucristo, estén siempre con ellos, por la perseverancia en la verdad y en el amor. A continuación les urge a perseverar en el mandamiento del amor fraterno que ellos han recibido desde el inicio. El amor auténtico implica la observancia de los mandamientos del Señor. El cristiano por lo tanto es aquel que camina en el amor a Dios, viviendo sus mandamientos y amando a sus hermanos, esto es, viviendo una caridad fraterna sincera y concreta.

La necesidad de permanecer fieles (2 Jn 7-13)

Las advertencias que el autor da en esta carta recuerdan a las dadas en 1 Juan. Hay predicadores itinerantes que están llevando a la gente a perder la fe en la verdad fundamental de la encarnación del Hijo de Dios. Y como en la Primera carta de Juan, esos falsos maestros son llamados "anticristos". El autor exhorta a la comunidad a no abandonar las enseñanzas por las cuales tanto han luchado y que les traerán una gran recompensa.

Los cristianos a los que se dirige la carta recibieron sus conocimientos sobre Jesús, el Hijo de Dios, desde el primer momento en que se adhirieron a la fe. Ahora, una "nueva" enseñanza, niega que el hijo de Dios se haya hecho hombre, asumiendo nuestra carne. Aquellos que siguen dicha doctrina se separan de la Iglesia y no poseerán a Dios, Padre e Hijo en sus vidas. El autor les exhorta a evitar el contacto con esos falsos profetas, pues intentan robarles lo más precioso que tienen: su fe en Cristo. El autor concluye diciendo que tendría muchas más cosas más que decirles, pero que prefiere hacerlo personalmente, lo que será para él y para ellos motivo de gran alegría.

Oración final (Ver p. 16)

Hacer la oración final ahora o después de *la lectio divina*..

Lectio Divina (Ver p. 8)

Relájate y mantén una postura de oración (espalda recta, ojos cerrados, pies apoyados en el suelo). Este ejercicio puede durar cuanto gustes, pero en el contexto de este estudio bíblico, de 10 a 20 minutos deberían ser suficientes.

Las meditaciones que siguen se ofrecen para ayudar a los participantes a usar esta forma de oración, pero hay que considerar que la *Lectio* está pensada para conducirlos a un ambiente de contemplación orante, donde la Palabra de Dios habla al corazón de quien la escucha (ve la página 8 para más instrucciones).

Caminar en la verdad (2 Jn 1-6)

Durante el juicio previo a su pasión, Jesús afirmó ante Pilato: "Todo el que es de la verdad, escucha mi voz" (cf. Jn 18:37), a lo que Pilato contestó: "¿Qué es la verdad?" (Jn 18:38). El mensaje de esta escena es que solamente quien conoce a Jesucristo, conoce realmente la verdad. El autor de la Segunda carta de Juan enseña que la verdad no es simplemente algo que conocemos, sino algo que toma posesión de todo nuestro ser. La verdad que permanece en nosotros, estará con nosotros para siempre (cf. 2 Jn 1:2). Solo cuando aceptamos la verdad fundamental de que Jesucristo es el Hijo de Dios y hacemos de ella el centro de nuestra vida, vivimos realmente en la verdad.

✠ *¿Qué más podemos aprender de este pasaje?*

Necesidad de permanecer fieles (2 Jn 7-13)

El autor habla de engañadores que viven en medio de los cristianos. Estos niegan que Jesús, el hijo de Dios, se haya hecho hombre, intentando persuadir a otros con sus falsas doctrinas. El autor exhorta a sus lectores a no perder aquello por lo que han trabajado con tanto esfuerzo. El consejo de evitar a estos embusteros es una invitación a no dejarse contaminar por doctrinas erróneas y así perseverar en la adhesión a Jesucristo. Vivimos en un mundo en el que se da un constante intercambio de idas, gracias a los modernos medios de comunicación. El cristiano está llamado a profundizar en su fe, para poder dar razón de su esperanza.

✠ *¿Qué más podemos aprender de este pasaje?*

Preguntas de repaso

1. ¿Por qué anima el autor de 2 Juan a sus lectores a que sigan el mandamiento del amor al prójimo?

2. ¿Qué quiere decir el autor de 2 Juan con la expresión "amar en la verdad"?

3. ¿Cuál debe ser la actitud de los cristianos en relación con los que enseñan falsas doctrinas?

PARTE 2: ESTUDIO INDIVIDUAL (3 JUAN Y JUDAS)

Día 1: Ayuda en el ministerio (3 Jn)

Al igual que la Segunda, la Tercera carta de Juan es de nuevo enviada por "El presbítero" a un destinatario de nombre Gayo, a quien el autor manifiesta tener gran estima. Como lo hace el autor de 2 Juan, el de 3 Juan dice amarlo según la verdad, lo que significa conforme al amor fraterno cristiano, que tiene como fundamento la fe en Jesucristo, Hijo de Dios.

A continuación le dice que ora para que todo le sea próspero, tanto en lo físico como en lo espiritual. El autor ha recibido noticias de parte de algunos miembros de la comunidad de que Gayo está viviendo en la verdad (es decir, conforme a las auténticas enseñanzas de Cristo) y eso ha sido para él motivo de gran alegría.

El autor alaba a Gayo por haber dado fraternal acogida a los mensajeros que le había enviado, aunque fueran forasteros. Estos han sido los que han dado testimonio de la generosidad de Gayo ante el autor, que ahora pide que les provea lo necesario para su viaje, conforme a lo que es agradable a Dios. Aquellos visitantes que les predicaron el Evangelio dependían de la hospitalidad de sus hermanos cristianos. Se rehusaban a aceptar cualquier apoyo de los paganos, evitando así la acusación de que se aprovechaban de los mismos. Y concluye esta sección inicial diciendo que todo aquel que ayuda a los predicadores de la verdad, se hacen colaboradores de su misión.

El autor afirma que los mensajeros se pusieron en camino (es decir, dieron inicio a su misión) "por el Nombre". Dicha expresión se refiere a la misión en nombre de Jesús. En los Hechos de los Apóstoles, Lucas nos cuenta que más de una vez los Apóstoles fueron apresados y liberados por las autoridades religiosas de Jerusalén, lo cual era para ellos motivo de alegría "por haber sido considerados dignos de sufrir ultrajes por el Nombre" (cf. Hch 5:41).

El autor compara a Gayo con un tal Diótrefes, quien al parecer ocupaba algún lugar de liderazgo en la comunidad, pero que se había rehusado a acoger los mensajeros que el autor de 3 Juan había enviado, quizás motivado por la ambición personal. Además, este tal Diótrefes difundía falsas acusaciones sobre el autor y sus enviados, impidiendo así que otros miembros de la comunidad quisieran acogerlos.

A la luz de estos hechos, el autor exhorta a sus lectores a no seguir el camino de los malos, sino el ejemplo de los que hacen el bien, pues aquellos que hacen el bien, son de Dios; mientras que los que hacen el mal, no conocen a Dios, no tienen fe en Él. El autor habla de Demetrio, al parecer uno de los mensajeros enviados por él, como un ejemplo de quien hace el bien. Todos dan testimonio favorable de él y su obrar según la verdad habla elocuentemente de él. A lo anterior, el autor añade –discretamente–, que él también da testimonio de la verdad.

Al igual que en la Segunda carta de Juan, el autor concluye su carta diciendo que tendría más cosas que escribir, pero que prefiere decírselas personalmente, esperando poder hacerlo en breve. Envía sus deseos de paz y sus saludos a todos y cada uno de los miembros de la comunidad de Gayo.

Lectio Divina

Pasa de 8 a 10 minutos en contemplación silenciosa del siguiente pasaje:

El autor de 3 Juan se dirige a un cristiano de nombre Gayo. Sabiendo que algunos misioneros andaban por el área donde él vivía, le exhorta a darles una ayuda digna de Dios. El autor reconocía que el éxito de su misión dependía en buena parte de la aceptación y del apoyo de aquellos que creían en Jesús como Hijo de Dios. Un mensaje para nosotros hoy es que los cristianos, como gran familia de Dios que somos, debemos apoyarnos y aceptarnos unos a otros en nuestro esfuerzo por vivir una vida digna de Dios, una vida digna de la vocación a la que hemos sido llamados.

✠ *¿Qué más podemos aprender de este pasaje?*

Día 2: Advertencia contra los falsos maestros (Jds)

El autor de este escrito se identifica como Judas y se refiere a sí mismo como siervo de Jesucristo, un título utilizado por los primeros escritores cristianos (cf. Rom 1:1). La expresión indica la actitud de servicio del autor a la persona, obra y doctrina de nuestro Señor Jesucristo. A lo anterior el autor añade ser hermano de Santiago, pero omite la referencia a ser uno de los Apóstoles. Algunos comentaristas han propuesto a este Santiago como el "hermano" de Jesús (en sentido de pariente) que menciona Pablo en Gal 1:19 y que fue responsable de la Iglesia de Jerusalén (cf. Hch 15:13-21 y Mt 13:55). Al vincularse de alguna forma con Santiago, el autor reivindica su ortodoxia por su relación con una de las columnas de la Iglesia (cf. Gál 2:9).

La carta no va dirigida a ninguna comunidad o persona en particular, sino a los cristianos en general, a los cuales el autor se dirige como "los que han sido llamados, amados de Dios Padre y guardados para Jesucristo" (1:1). A ellos les desea, como es habitual, la misericordia, la paz y el amor en abundancia.

La intención del autor era hablarles de la común salvación; pero dado que se han infiltrado impostores en medio de la comunidad que difunden falsas doctrinas, se ve en la necesidad de exhortarles a luchar con firmeza por la fe que les fue trasmitida y que estaba siendo cuestionada por los herejes. Como dirá más adelante (vv.17-18), los cristianos no deben sorprenderse con este hecho, dado que ya habían sido alertados anteriormente por los Apóstoles. Los falsos cristianos esparcen en el seno de la comunidad falsas doctrinas que llevan a conductas inmorales.

El peor pecado es el libertinaje de la gracia (cf. 2 Pe 2:20-22). Aun estando del lado de los elegidos y salvados (es decir, de los cristianos), los herejes pervierten esta gracia de Dios, negando a Jesucristo, el Maestro y Señor de todos, y se entregan a los pecados de la carne.

A continuación pasa a evocar ejemplos de la Escritura, que hablan del justo juicio de Dios para aquellos que abandonan o pervierten la fe, sobrepasando los límites de su libertad y condición. Dios salvó de Egipto al pueblo de Israel en medio de grandes señales y prodigios, aun así, muchos de la generación del Éxodo no permanecieron en la fe, pues dudaron de la Palabra del Señor y esto les fue motivo de castigo (cf. Nm 14:20). También los ángeles que no se mantuvieron en su dignidad y abandonaron su morada, recibieron un justo castigo (cf. Gn 6:1-4). Finalmente, las ciudades de Sodoma y Gomorra, que se habían abandonado a la promiscuidad sexual y a los vicios contra la naturaleza (cf. Gn 19:4-8), fueron castigadas por Dios con fuego. Los vicios de Sodoma y Gomorra son los mismos de los que el autor acusa a los herejes en los vv.4.8.12 de su carta.

Con la expresión "igualmente estos" (v.8) el autor compara a los herejes del presente con los que fueron condenados en el pasado, conforme al testimonio de la Escritura apenas mencionado (vv.5-7). Estos, "alucinados en sus delirios", pecan por lujuria (manchando sus cuerpos), soberbia (rechazando la autoridad de Dios) y prepotencia (injuriando a los ángeles). Haciendo referencia a un antiguo escrito apócrifo, titulado "La Asunción de Moisés", hace referencia a la lucha del Arcángel Miguel con el Diablo, que intentaba robar el cuerpo de Moisés. En vez de argüir contra el Diablo, Miguel deja todo al juicio del Señor, aceptando su lugar como mensajero o agente de aquel juicio. Los falsos profetas y herejes, en cambio, injurian lo que ignoran y se corrompen en cosas que los animales irracionales conocen por instinto (los límites y tendencia de su naturaleza).

El autor de Judas prosigue, mencionando más casos referidos en la Escritura de personajes que han recibido un justo castigo de Dios por su soberbia. Nombra a Caín, Balaán y a Coré, tres figuras del Antiguo Testamento que se desviaron del camino de Dios. Caín mató a su hermano Abel (cf. Gn 4:8); Balaán aceptó dinero para maldecir a los israelitas (cf. Nm 21 – 24); Coré se rebeló contra Moisés, siendo él y su familia tragados por la tierra (cf. Nm 16).

El autor compara a los cristianos heréticos con aquellos tres pecadores que fueron castigados. Los herejes además son como manchas oscuras en el ágape fraterno (expresión que podría significar la Eucaristía, aunque también el convivio que la precedía), por sus engaños y comportamiento. Los compara también con elementos de la naturaleza, que expresan su vaciedad, como las nubes sin agua que el viento lleva, los árboles sin fruto en otoño que son arrancados de raíz, la espuma que emerge de olas salvajes haciendo ver su suciedad, estrellas errantes que se pierden en la oscuridad del universo. Es posible que esta última imagen evoque de nuevo el pecado de los ángeles, que en los apócrifos judaicos, como el libro de Henoc (escrito del siglo IV a.C.) frecuentemente son simbolizados por estrellas. El autor dice explícitamente conocer este texto.

El autor menciona una sentencia tomada del libro de Henoc, personaje que la Escritura afirma pertenecer a la séptima generación después de Adán. Dice que a los impíos e infieles les está reservado, por su insolencia, un justo castigo de Dios. Y concluye la sección describiendo a los impíos como murmuradores, descontentos con su suerte, que viven según sus pasiones y son altaneros en el hablar.

Como se dijo anteriormente, el autor recuerda que esta experiencia por la que está pasando la comunidad fue predicha por los Apóstoles. La frase que parece citar es en realidad una paráfrasis de varios textos que encontramos en el Nuevo Testamento como puede ser Hechos 20:29-31, 1 Timoteo 4:1, 2 Timoteo 3:1-5, Mateo 24:24, Marcos 13:22, etc.. Insiste en que los herejes no viven según el Espíritu, sino que por vivir una vida solamente según la carne, son causa de división entre los hermanos.

En contraste con aquellos, el autor exhorta a los cristianos fieles a perseverar en la fe de la santa doctrina que han recibido, suplicando al Espíritu Santo que les conserve unidos en la caridad fraterna. Ellos esperan con confianza la misericordia de Dios en vistas a la vida eterna. Los invita a ayudar a los vacilantes y a tratar a cada uno según cuanto se hayan manchado por las herejías de los falsos hermanos. Concluye su escrito con una doxología, es decir, con una alabanza al Dios que tiene el poder de preservarnos sin mancha y de concedernos la gracia de perseverar en nuestro compromiso cristiano.

Lectio Divina

Pasa de 8 a 10 minutos en contemplación silenciosa del siguiente pasaje:

Con su tono un tanto áspero, la carta de Judas es a la vez una llamada de atención sobre los falsos maestros y una invitación al temor de Dios (entendido como la profunda reverencia para con el Señor y Padre nuestro). El tema de las falsas enseñanzas aparece varias veces en el bloque de las epístolas universales, lo cual indica su importancia y a la vez actualidad. Muchas veces despreciamos el mal que nos puede hacer estar en contacto con ideas contrarias a nuestra fe, especialmente si no estamos bien convencidos de las verdades fundamentales de nuestro Credo. El hombre guía su proceder a partir de sus ideas y principios. Por esto, la vigilancia para el cristiano significa también tener cuidado con las ideas. En este sentido el contacto frecuente con el Evangelio de Jesús, espejo de nuestro creer y obrar, es de vital importancia. En una sociedad y cultura que de tantas maneras predica y defiende la libertad sin límites ni frenos, en la cual el hombre quiere hacerse señor y patrón incluso de la vida y de la muerte, el temor de Dios, don del Espíritu Santo, se hace una necesidad imperiosa. El autor de Judas nos invita a vivir la vigilancia sobre las ideas que aceptamos y a cultivar, con la ayuda del Espíritu, el santo temor de Dios, fuente de paz, serenidad y confianza en nuestra vida.

✠ *¿Qué más podemos aprender de este pasaje?*

Preguntas de repaso

1. ¿Qué quiere decir el autor de la Tercera carta de Juan cuando alaba a aquellos que "caminan en la verdad"?

2. ¿Por qué el autor de la carta de Judas rechaza a Diótrefes?

3. ¿Cuál es el mensaje principal que el autor de la Carta de Judas quiere transmitir?

Exilio en Patmos

APOCALIPSIS 1

"Miren, viene acompañado de nubes; todo ojo lo verá, hasta los que le traspasaron, y por él harán duelo todas las razas de la tierra. Sí. Amén" (Ap 1:7).

Oración inicial (Ver p. 15)

Contexto

En los primeros versículos del Apocalipsis 1 (1:1-3), un autor habla sobre Juan como siervo de Dios, enviado a revelar un mensaje que recibió a través de un ángel enviado a su vez por Jesucristo glorificado. Llama bienaventurados a aquellos que leerán el libro en voz alta, aparentemente en una reunión de fieles y a aquellos que lo escuchen atentamente.

Desde el exilio, el autor, que se identifica a sí mismo como siendo Juan, transmite el mensaje recibido de un "ángel" enviado por Jesucristo glorificado. El autor envía sus saludos a siete Iglesias de Asia Menor, de parte suya, de los ángeles y de Jesucristo, principio y fin de todo. Habla de haber tenido una espléndida visión de Cristo viniendo en una nube, para que todos lo vieran, en términos que recuerdan a Daniel 7. Cristo le dice que escriba todo lo que contemple durante la "visión" y que envíe su mensaje a las siete Iglesias de Asia. El autor describe al Cristo glorificado con gran esplendor, delante del cual dice postrarse en adoración. Cristo es el primero y el último, principio y fin, que estaba muerto y ahora vive por los siglos de los siglos. A Juan, Cristo le revela los secretos relativos a siete estrellas y siete candelabros de oro.

PARTE 1: ESTUDIO EN GRUPO (AP 1)

Leer en voz alta Apocalipsis 1

1:1-3 Prólogo

El prólogo del libro del Apocalipsis, que presenta una síntesis del ministerio de Juan, no parece haber sido escrito por el autor del resto del libro. Este habla en tercera persona, de Dios revelando un mensaje en Jesucristo, sobre cosas que iban a realizarse pronto. Como suele hacer la literatura apocalíptica, el autor presenta a Dios como un Dios transcendente, que cuida de su creación, pero que al mismo tiempo se distancia de la misma en cuanto a su ser; un Dios que habita en la esfera divina del cielo. Dios da a Jesucristo dicha revelación, el cual la pasa a un ángel, que a su vez la trasmite a Juan. El ángel tiene un estatuto especial, pues es presentado como "su ángel" (es decir, de Cristo). La mención de los ángeles abunda en los escritos de naturaleza apocalíptica.

El autor se identifica como siervo de Jesucristo. La expresión, encontrada ya en las cartas de Pablo y en las epístolas universales, certifica al remitente como un testigo privilegiado de la Palabra de Dios. Por otro lado, denota el completo abandono de la propia vida en las manos de Jesucristo.

Juan se hace un testigo viviente de la Palabra de Dios y del testimonio de Jesucristo, trasmitiendo todo lo que "ve". La palabra "testigo" ("mártys", en griego) significa tanto la persona que da su vida por la fe o sufre por su causa como testigo viviente del mensaje de Dios. Juan también es testigo de la muerte y resurrección de Jesús, fundamento del mensaje que está transmitiendo.

El número siete, número sagrado y simbólico que indica "plenitud" o "realización completa" es frecuentemente empleado en el libro. El autor refiere la primera de las siete bienaventuranzas que encontramos en el Apocalipsis, proclamando bienaventurados a aquellos que lean, escuchen y obren de acuerdo con lo que está escrito en el libro. Las bienaventuranzas reflejan la plenitud de los dones celestes. El autor supone que su mensaje será leído en voz alta en la asamblea y aquellos que lo oigan y vivan recibirán bendiciones por parte de Dios. Las seis bienaventuranzas restantes se encontrarán en 14:13, 16:15, 19:9, 20:6, 22:7 y 22:14.

Aunque el autor califique su mensaje como "profético", esto lo es en sentido amplio, siendo que el escrito, como se explicó en la introducción, es de carácter apocalíptico. Mientras en la profecía encontramos que Dios está cerca del profeta y por medio de él trasmite su mensaje, en la apocalíptica, Dios se hace "distante", por así decirlo, y revela su mensaje a través de intermediarios. El prólogo termina con una típica formula apocalíptica, la cual anuncia que el tiempo del retorno de Jesús en gloria está cerca.

Alabar a Cristo (Ap 1:4-8)

Los escritores apocalípticos frecuentemente escogen a un personaje famoso del pasado que habla como si estuviera previendo el futuro. Por ejemplo, el libro de Daniel es la historia de un judío de nombre Daniel que vivió en Babilonia durante el siglo VI a.C; el libro, sin embargo, fue escrito durante el siglo II a.C. De acuerdo con ese escrito, Daniel predijo el día en que los persas y los griegos conquistarían la tierra de Israel. Dado que al tiempo del autor estos hechos eran ya parte de la historia de Israel, Daniel realmente no revelaba un acontecimiento futuro, sino que hablaba de ellos como si lo fueran.

El libro del Apocalipsis difiere en varias cosas de la literatura apocalíptica judaica que encontramos en el Antiguo Testamento. Por ejemplo, en vez de escoger el nombre de un profeta del pasado como trasmisor del mensaje, el autor se nombra a sí mismo "Juan" (personaje seguramente conocido por los destinatarios de la época), quien a partir del versículo 4, hablará en primera persona, narrando el contenido del mensaje recibido en sus "visiones".

Después de identificarse a sí mismo como el autor de las cartas, Juan desea a sus lectores gracia y paz, conocida forma de saludar en el género epistolar. Aunque dirija sus cartas a siete Iglesias de Asia Menor, muchos comentaristas creen que se esté dirigiendo a toda la Iglesia, dada la valencia simbólica del número siete. Todas las Iglesias que menciona son comunidades importantes que se encuentran a lo largo de una conocida ruta de comercio.

Juan habla como testigo de Dios "Aquel que es, que era y que va a venir" (Ap 1:4). Aun siendo visto como un Dios lejano, Dios es un Dios eterno, activo e interesado en el hombre. Juan incluye en su saludo inicial la referencia a los "siete espíritus que están ante su trono", al parecer una referencia a los siete arcángeles, que según los escritores judíos, ocupaban un lugar especial ante de Dios. ____

Por último, pero no por esto menos importante, Juan envía sus saludos de parte de Jesucristo, testigo fiel por su vida, muerte y resurrección. Juan identifica a Jesús como el primogénito de entre los muertos, lo cual es una referencia a su resurrección. La expresión implica que otros le seguirán. Algunas décadas antes, Pablo hablaba de Cristo de la misma manera (cf. Col 1:18) y declara que Jesús es el soberano sobre todos los reyes de la tierra, poniéndolo sobre toda autoridad humana y desafiando la creencia de que el emperador era un dios al cual se debía dar culto.

Los escritos apocalípticos abundan en himnos de alabanza. Así, Juan alaba a Jesucristo por su amor, por la salvación que trajo con su muerte y resurrección, y por haber hecho de los cristianos un pueblo de sacerdotes al servicio de Dios. Dicha expresión recuerda a la que encontramos en 1 Pedro 2:9. Y concluye esta sección inicial con una doxología deseándole "gloria y poder por los siglos de los siglos" (1:6).

El pasaje introductorio a la sección de las cartas termina con la mención de dos textos de profetas del Antiguo Testamento. Juan invita a sus lectores a contemplar a Jesucristo que viene en las nubes del cielo (cf. Dn 7:13), diciendo que todos lo verán, también los que lo traspasaron y que harán duelo por Él, lo cual es una referencia a la profecía de Zacarías 12:10.

Aludiendo a letras griegas alfa y omega (primera y última del alfabeto griego respectivamente), Juan reafirma que Dios es el principio y el fin de todo, aquel que es, que era y que vendrá, una alusión a Isaías 44:6. Y este mensaje lo aplica a Jesucristo.

Primera visión de Juan (Ap 1:9-20)

Al escribir a los sufrientes seguidores de Cristo, Juan se identifica a sí mismo como "su hermano y compañero en la tribulación" y, por lo tanto, en la paciencia y a la vez en el reino de Dios, por el poder de Cristo. Juan dice escribir desde la Isla de Patmos, una isla rocosa a 100 km. al sur de Éfeso, la cual era una colonia penal de los romanos para el exilio de criminales. Por el hecho de haber proclamado la Palabra de Dios y dado testimonio de Jesucristo, las autoridades romanas lo habían condenado al exilio en aquella isla.

La "visión" de Juan comienza en el "Día del Señor", el domingo, primer día de la semana. Recordamos que el día sagrado para los judíos es el sábado, el séptimo día de la semana que ellos llaman Sabbath. Para los cristianos, en cambio, el día sagrado es el domingo, el primer día de la semana, día en el que Cristo resucitó de entre los muertos. En este día sagrado, Juan recibió una llamada en voz alta, como el son de una trompeta, ordenándole que pusiera por escrito todo lo que iba a ver. El pasaje recuerda la experiencia de Ezequiel, la cual aparece en el libro del profeta, en 3:12. Una vez puesta por escrito, Juan la debería enviar a las Siete Iglesias, es decir, Éfeso, Esmirna, Pérgamo, Tiatira, Sardes, Filadelfia y Laodicea. Dicho mensaje provenía de Cristo, siendo Juan simplemente el intermediario del mismo. Como dijimos anteriormente, dichas Iglesias se encuentran a los largo de una ruta de comercio y se piensa que representan a toda la Iglesia.

El que le habla a Juan es descrito como estando de pie entre siete candelabros de siete brazos (cf. Zac 4), "uno como a un Hijo de hombre" (1:13), expresión que evoca la de Daniel 7:13. Dicha expresión en el libro es una imagen de Jesús con forma humana, pero que en realidad es ahora un ser celeste. El "hijo de hombre" viste una larga túnica, con una faja de oro, recordando la descripción de un ser angélico en Daniel 10:5. Las siguientes características evocan expresiones de Daniel 7:9. Aunque el profeta está hablando de Yahvé, Juan usa sus imágenes para hablar de Cristo resucitado. Los ojos de Jesús eran como "llamas de fuego", sus brazos y piernas "como metal precioso acrisolado en el horno" y su voz como el fragor de grandes aguas (cf. Dn 10:6).

En el libro de Daniel, el profeta vio al "Anciano" sentarse en su trono. Dicha imagen servía para hablar del Dios eterno. A causa de esta imagen, muchos artistas han dibujado posteriormente a Dios como un anciano con pelo y barbas blancas. Al igual que en Daniel, en el Apocalipsis, el autor no está ofreciendo un retrato físico de Cristo sino una enseñanza sobre su persona.

La descripción sigue con la mención de las siete estrellas que Jesús tiene en su mano derecha y la afilada espada de doble filo que sale de su boca. En la antigüedad, el emperador era frecuentemente representado con siete estrellas en la mano, significando su autoridad. Al representar a Cristo en estos términos, el autor quiere decir que Jesús es el verdadero soberano del universo. La imagen de la espada afilada se encuentra ya en el Antiguo Testamento como símbolo de la Palabra de Dios (cf. Is 49:2; en el Nuevo Testamento es utilizada también en Heb 4:12). La faz de Jesús, como aquella de Dios, brilla más que el sol a pleno día.

En muchas visiones del Antiguo Testamento, los que se ven conducidos de alguna manera a la presencia de Dios con frecuencia reaccionan con temor y se postran sobrecogidos, creyendo que la visión de Dios implica la muerte (cf. Gn 32:31; Dn 8:18). Al "ver" a Cristo, Juan se postra con aquellos mismos sentimientos y Jesús le "toca" diciéndole que no tema. Jesús se identifica como el primero y el último, como el viviente, aquel que murió pero que ahora, por su resurrección, vive para siempre. Por esta razón, el Señor tiene en sus manos las llaves de la muerte y del lugar de los muertos, símbolo de su dominio sobre la muerte.

Cristo dice a Juan que escriba lo que vio y oyó, y lo que verá a continuación. Le revela entonces el significado de las siete estrellas y de los siete candelabros: las siete estrellas son los "ángeles" de las siete Iglesias y los siete candelabros son las siete Iglesias arriba mencionadas. El significado preciso de los "ángeles" de estas Iglesias ha sido discutido desde la antigüedad hasta nuestros días. San Agustín decía que era una "cuestión oscurísima". Algunos piensan que el autor se refería a los respectivos patronos y protectores celestes de dichas Iglesias; otros, a sus guías humanos. La cuestión permanece un misterio

Preguntas de repaso

1. ¿Qué quiere decir el autor con la expresión "el Tiempo está cerca" que aparece en 1:3?

2. ¿A cuál libro del Antiguo Testamento alude más el autor en esta sección?

3. ¿Cuál libro del Antiguo Testamento refleja mejor el mensaje de Juan?

4. ¿Qué quiere decir la expresión "primogénito de entre los muertos" que el autor aplica a Jesús?

5. ¿Cuál es el mensaje que el autor busca trasmitir con su descripción de la apariencia de Cristo?

Oración final (ver p. 16)

Hacer la oración final ahora o después de la *lectio divina*

Lectio divina (ver p. 8)

Relájate y mantén una postura de oración (espalda recta, ojos cerrados, pies apoyados en el suelo). Este ejercicio puede durar cuanto gustes, pero en el contexto de este estudio bíblico, de 10 a 20 minutos deberían ser suficientes.

Las meditaciones que siguen se ofrecen para ayudar a los participantes a usar esta forma de oración, pero hay que considerar que la *Lectio* está pensada para conducirlos a un ambiente de contemplación orante, donde la Palabra de Dios habla al corazón de quien la escucha (ve la página 8 para más instrucciones).

El prólogo (Ap 1:1-3)

Estando para ascender al cielo, Jesús dijo a sus discípulos: "He aquí que yo estoy con ustedes todos los días hasta el fin del mundo" (Mt 28:20). Al volverse un testigo viviente de la vida y muerte de Jesucristo, Juan trata de mantener para los demás la presencia de Cristo en el mundo. Su presencia no es solo la guía y protección que él nos da, sino el ejemplo vivo que nos ofrecen los mártires y los cristianos que sufren adversidades a causa de Cristo. Nuestra misión, como la de Juan, es ser siervos de Jesucristo, mostrando que su espíritu está todavía presente entre nosotros.

✠ *¿Qué más podemos aprender de este pasaje?*

Alabar a Cristo (Ap 1:4-8)

Como cristianos, tenemos el privilegio de dar a conocer a Cristo al mundo. Todo lo que Jesucristo hizo, lo hizo por nosotros. Sufrió, murió y resucitó como el primogénito de entre los muertos, por nosotros. Nosotros, por vocación, tenemos hacer todo por Cristo y en Cristo, repitiendo en nuestra vida la experiencia de san Pablo: "ya no vivo yo, sino que Cristo vive en mí" (Gál 2:20). Cristo sigue viviendo y actuando en el mundo a través de la vida y obras de los cristianos.

✠ *¿Qué más podemos aprender de este pasaje?*

La primera visión de Juan (Ap 1:9-20)

La experiencia del cautiverio y del exilio no hizo que Juan dejara de anunciar la Palabra de Dios a sus hermanos. Tenemos una experiencia semejante en la Carta a los filipenses de Pablo. Pablo habla sobre todo del Cristo que se vació a sí mismo asumiendo la condición de siervo; Juan, por su parte, vuelve los ojos de su corazón al Cristo resucitado en la gloria, cuyo poder toca hondamente la condición humana. Si bien los cristianos hacemos muchas veces la experiencia de Cristo siervo que se humilla a sí mismo y sufre, Juan nos invita a tener presente que ese mismo Cristo ha resucitado, vive glorioso a la diestra del Padre, es Señor de la historia y soberano de todo lo creado.

✠ *¿Qué más podemos aprender de este pasaje?*

Nota: esta lección no contempla una parte de estudio individual.

Las siete Iglesias de Asia

APOCALIPSIS 2-5

"Eres digno de tomar el libro y abrir sus sellos porque fuiste degollado y compraste para Dios con tu sangre hombres de toda raza, lengua, pueblo y nación; y has hecho de ellos para nuestro Dios un Reino de sacerdotes, y reinan sobre la tierra" *(Ap 5:9-10).*

Oración inicial (Ver p. 15)

Contexto

Parte 1: Apocalipsis 2. En este pasaje, Juan aplica a cada una de las siete Iglesias una imagen de Cristo que ilustra el mensaje contenido en cada una de las cartas. A la floreciente ciudad de Éfeso, Juan aplica la imagen de Cristo como el que tiene en sus manos las siete estrellas y camina en medio a los siete candelabros; a la afligida ciudad de Esmirna, como el primero y el último, el que había muerto pero que volvió a la vida; a la pecaminosa ciudad de Pérgamo, como el que tiene una afilada espada de doble filo en la boca; a la fiel, pero débil ciudad de Tiatira, le presenta la imagen del Cristo Hijo de Dios, que tiene los ojos como llamas de fuego y los pies como metal pulido. En cada una de las cartas, Cristo alaba a las Iglesias por su fidelidad y las alerta sobre el pecado que existe entre sus fiel.

Parte 2: 2 Apocalipsis 3-5. A la Iglesia espiritualmente muerta de Sardes, Juan la asocial a aquel que tiene los siete espíritus y las siete estrellas. Sardes parece estar viva, pero en realidad está muerta. A los fieles de la Iglesia de Filadelfia, les presenta la imagen de Cristo que tiene las llaves de la muerte y del reino de los muertos. A la tibia Iglesia de Laodicea, le presenta a Cristo como el testigo fiel y la invita a acogerlo, a Él que está de pie a sus puertas y llama. A continuación Juan es arrebatado al cielo donde ve a uno que parecía una piedra preciosa sentado en un trono, veinticuatro ancianos vestidos de blanco, con coronas de oro sobre sus cabezas y a cuatro seres vivos alrededor del trono alabando a Dios. Los ancianos se unían a ellos en la alabanza a Dios. Juan ve un pergamino sellado, escrito por ambos lados. Al ver que nadie podía abrirlo, comienza a llorar; entonces recibe una palabra que le dice: el "león de la tribu de Judá, el Cordero que había sido inmolado, es digno de recibir el libro y abrir sus sellos". Con su sangre, el Cordero compró para Dios gentes de todas las naciones. Todo el ejército celeste alababa al Señor.

PARTE 1: ESTUDIO EN GRUPO (AP 2)

Leer en voz alta a Apocalipsis 2.

Carta a la Iglesia de Éfeso (Ap 2:1-7)

Cristo pide a Juan que escriba la primera de las siete cartas al "ángel" de la Iglesia de Éfeso. El mensaje estaba claramente destinado a toda la comunidad. Éfeso no era capital de provincia, pero, dada su posición estratégica en el Mar Egeo, era la ciudad comercial más grande e importante de la provincia. Si el culto al emperador podía florecer en algún lugar del Imperio, ese lugar era Éfeso, donde el culto idolátrico era una práctica dominante. La ciudad se gloriaba de tener una de las siete maravillas del mundo antiguo: el templo de la diosa Artemisa.

La importancia de la ciudad, así como la lealtad de esta a Roma, posiblemente motivó a Juan a dirigirle su primera carta. El apóstol Pablo había predicado en ella y en ella pasó más tiempo que en ningún otro lugar durante sus viajes misioneros. Ahí estuvo tres años hasta que un orfebre del lugar llamado Demetrio promovió una revuelta contra él, la cual casi le costó la vida (cf. Hch 19). El orfebre producía y vendía imágenes de la diosa Artemisa y la predicación de Pablo contra los ídolos estaba afectando a su negocio.

Juan empieza su carta a Éfeso como venida de Cristo, aquel que camina entre los candelabros y que tiene las siete estrellas en su mano derecha. La imagen significa la autoridad y la presencia de Cristo en medio de las Iglesias de Asia Menor. Cristo alaba a la comunidad de la Iglesia de Éfeso por sus buenas obras y fidelidad: ellos pusieron en evidencia el engaño de los falsos apóstoles y no se cansaron de sufrir por el nombre de Cristo.

Sin embargo, Cristo les reprocha haber perdido el amor primero, es decir, el fervor inicial de su fe. Aunque no dice en qué cosas concretas han perdido el fervor, los exhorta a volver a la práctica de sus antiguas buenas obras, de lo contrario Cristo "movería su candelabro de lugar". Considerando el significado simbólico del término "candelabro" dado por el mismo libro como el de "Iglesia", el sentido de la amenaza podría ser el de perder la posición preeminente que esta Iglesia tenía si no se convertía.

A esta admonición sigue la felicitación de Cristo a la Iglesia de Éfeso por haberse mantenido firme ante el grupo herético conocido como los "nicolaítas". En esta carta Juan no dice nada respecto de las falsas enseñanzas de este grupo, pero una referencia a sus falsas doctrinas será de nuevo mencionada en la tercera carta. La primera carta se concluye, así como todas las demás, con una llamada a dar oídos a lo que el Espíritu dice a las Iglesias. Cristo entonces promete que, si permanece fiel, le dará de comer del fruto de la vida que crece en el jardín de Dios, una referencia al jardín de Edén y los eventos vinculados al mismo (cf. Gn 2:4-14).

Carta a la Iglesia de Esmirna (Ap 2:8-11)

A continuación Cristo pide a Juan que escriba al ángel de la Iglesia de Esmirna, otro importante centro de comercio al norte de Éfeso. Juan se refiere a Cristo en esta carta como al Primero y al Último, el que estaba muerto y volvió a la vida (1:17-18). Dado que en la carta Juan habla de un conflicto interno y del aparente poder del mal, su formulación sobre Cristo como el Primero y el Último subraya el poder del Señor, que llevará a los fieles a una vida nueva.

Cristo dice conocer bien las dificultades y pobreza que pasa la Iglesia de Esmirna, a pesar de estar en un lugar donde hay tanta opulencia. Siendo un lugar de intenso comercio, había grandes diferencias sociales entre los mercaderes que se hacían cada vez más ricos y la mayoría de la gente, que vivía en extrema pobreza. Además de estas aflicciones, el Señor dice conocer el sufrimiento que les viene de parte de los falsos judíos, a quienes el autor llama "sinagoga de Satanás". Dado que había muchos judíos que vivían en Esmirna, Juan podría estar refiriéndose a aquellos que teniendo fe en Cristo, se escondían por así decir detrás de sus antiguas costumbres judaicas para evitar la persecución. Los judíos observantes no eran los que causaban problemas a los cristianos. Cuando Pablo predicaba en las sinagogas, muchos judíos escuchaban su mensaje con tranquilidad, mientras otros reaccionaban negativamente llegando a echarlo de la asamblea.

El autor declara que aquellos que permanecen fieles a Cristo no tienen nada que temer. Aunque el demonio los quisiera echar en prisión, ellos recibirán a su tiempo la corona de la vida si saben permanecer fieles. La imagen de la corona parece haber sido tomada de la corona de la victoria que se entregaba en los eventos atléticos griegos. Pablo hace referencia a ellos en la Primera carta a los Corintios 9:25. El significado en el Apocalipsis es claro: la "corona de la vida" (es decir, la eterna recompensa) está prometida a aquellos que perseveran. Cristo dice que esta Iglesia tendría que afrontar un periodo de aflicción de "diez días". El número es simbólico y no debe tomarse al pie de la letra. Este indica que el poder del Diablo es limitado. Un día es simplemente un periodo de tiempo en la literatura apocalíptica que puede ser mayor o menor.

Juan concluye su mensaje a la Iglesia de Esmirna con la invitación de Cristo a escuchar sus palabras y ponerlas en práctica. Aquellos que permanecieren fieles no padecerán la "segunda muerte", es decir, el eterno castigo después de la muerte física.

Carta a la Iglesia de Pérgamo (Ap 2:12-17)

Su tercera carta, Juan la envía al ángel de la Iglesia que está en Pérgamo, ciudad que Roma había establecido como sede de su gobierno en Asia. Cristo identifica la ciudad como el lugar en donde el "trono de Satanás" ha sido erigido, una referencia a su posición política dentro del Imperio. La carta evoca el símbolo de la espada de doble filo de 1:16, pero su significado aquí es el de juicio. Los cristianos de esta ciudad permanecieron fieles, aun cuando uno de ellos, Antipas, había sido muerto por no renegar de su fe.

Después de estas palabras de alabanza, Pérgamo, como las demás ciudades, recibe una admonición. En el libro de los Números, Balaq, rey de Moab, mandó llamar a Balaán para hacerlo maldecir a Israel. Aunque el Señor no permitió que Balaán maldijera a los israelitas, estos pecaron mezclándose con las mujeres moabitas y comiendo de la comida sacrificada a los ídolos (cf. Nm 23:1 – 25:5). Cristo compara a la gente de Pérgamo con los antiguos israelitas que siguieron las enseñanzas de Balaán, el cual había instruido a Balaq respecto a su destrucción. De nuevo el autor menciona a los seguidores de las falsas enseñanzas de los nicolaítas como un ejemplo de estos hechos malvados. Al parecer, dicha secta enseñaba a los cristianos que podían honrar al emperador como a un dios, dado que en su corazón ellos sabían que realmente no lo era y que podían también comer de las ofrendas hechas a los falsos ídolos.

El Señor amonesta a sus oyentes diciéndoles que si ellos no se arrepienten, él vendrá y les hará guerra con la "espada de su boca", lo cual quiere decir que les impondrá un juicio muy duro. Los antiguos israelitas habían sido muertos a causa de sus pecados. Del mismo modo, los cristianos sufrirán una semejante ejecución espiritual por parte de Dios.

La carta termina con la llamada a la escucha de las palabras apenas referidas y con una invitación a los oyentes a abandonar la práctica de alimentarse con la carne ofrecida a los ídolos, pues solamente participarán de la eterna victoria los que toman parte en el maná escondido (la Eucaristía). El Señor les promete dar un nombre nuevo, escrito en una "piedrecita blanca". Dicho recurso parece ser una polémica contra la praxis supersticiosa que había entre algunas personas de la época de tener nombres mágicos, conocidos solo por ellas y utilizados para alejar los malos espíritus. La piedrecita blanca (color de la alegría y de la victoria) parece ser una señal de la admisión en el reino celeste; el nombre nuevo podría significar la renovación interior de lo persona, la cual se hacía digna de entrar en este reino.

Carta a la Iglesia de Tiatira (Ap 2:18-29)

Juan envía su cuarta carta de parte de Cristo, Hijo de Dios, al ángel de la Iglesia de Tiatira. Cristo es presentado teniendo los ojos como llamas de fuego y los pies como metal pulido. Dicha imagen, como las anteriores, está tomada del capítulo primero (1:14-15). Los ojos como llamas de fuego simbolizan a Cristo que ve en lo profundo de todas las personas y las juzga (cf. Dn 10:6). Como en las cartas anteriores, Cristo sostiene conocer la conducta de los cristianos de Tiatira, alabándoles por sus virtudes de amor, fe, servicio y fortaleza (en este caso para no ceder al culto idolátrico).

La amonestación a esta Iglesia menciona el nombre de Jezabel, hija del rey de Sidón, impía esposa del Rey Ajab de Israel, la cual prestaba culto al dios cananeo Baal (cf. 1 Re 16:31). Cristo dice que la gente de Tiatira era tolerante con "Jezabel" (nombre simbólico de la pseudo-profetiza de la secta de los nicolaítas), la cual les había llevado a fornicar, comiendo de la comida ofrecida a los ídolos. En el Antiguo Testamento era común considerar la adoración a los falsos dioses como una prostitución (cf. Os 4:12). Cristo había dado a esta mujer idólatra una oportunidad de arrepentirse, pero ella se había negado. Como consecuencia, caerá enferma en cama por su pecaminosidad y aquellos que pecaron con ella, sufrirán del mismo modo a no ser que se arrepientan. Sus hijos, es decir, aquellos que siguen su camino, padecerán la muerte espiritual. Todas las Iglesias que atestigüen este hecho, se darán cuenta de hasta dónde Cristo es capaz de escrutar los corazones y las mentes de las personas.

Al parecer existían diversos grupos dentro de la comunidad de Tiatira. Estaban los que habían elegido seguir el culto idolátrico y aquellos que lo rechazaron. Cristo anima a aquellos que habían permanecido fieles a perseverar en su fe hasta que él vuelva. Entonces, podrán participar de la victoria de Cristo, compartiendo su misma autoridad que recibió del Padre. Su reino será fuerte como cetro de hierro. Los pecadores, sin embargo, se romperán como vasijas de barro delante de Él. Los fieles recibirán la "estrella de la mañana", símbolo de la Resurrección.

Preguntas de repaso

1. ¿Qué podemos aprender del mensaje de Cristo a la Iglesia de Éfeso?
2. ¿Qué podemos aprender del mensaje de Cristo a la Iglesia de Esmirna?
3. ¿Qué podemos aprender del mensaje de Cristo a la Iglesia de Pérgamo?
4. ¿Qué podemos aprender del mensaje de Cristo a la Iglesia de Tiatira?

Oración final (Ver p. 16)

Hacer la oración final ahora o después de la *lectio divina*.

Lectio Divina (Ver p. 8)

Relájate y mantén una postura de oración (espalda recta, ojos cerrados, pies apoyados en el suelo). Este ejercicio puede durar cuanto gustes, pero en el contexto de este estudio bíblico, de 10 a 20 minutos deberían ser suficientes.

Las meditaciones que siguen se ofrecen para ayudar a los participantes a usar esta forma de oración, pero hay que considerar que la *Lectio* está pensada para conducirlos a un ambiente de contemplación orante, donde la Palabra de Dios habla al corazón de quien la escucha (ve la página 8 para más instrucciones).

La carta a la Iglesia de Éfeso (Ap 2:1-7)

En la carta al "ángel" de la Iglesia de Éfeso, el Señor resucitado se presenta como el que "camina entre los siete candelabros de oro". En el capítulo primero del Apocalipsis, aprendimos que los siete candelabros de oro son una cifra para indicar las siete Iglesias. Por tanto, "caminar entre los candelabros" significa estar presente en medio de su Iglesia. Cristo camina con su Iglesia y por eso conoce sus fatigas y sufrimientos. Nada de lo que le ocurre a su Iglesia es ajeno al Señor de la historia. La llamada del Señor a la Iglesia de Éfeso es también válida para nuestro caminar cotidiano como Iglesia de Cristo sin importar dónde vivamos: Cristo camina con nosotros, conoce nuestras fatigas, y tiene en su mano el poder de darnos descanso y aliento cuando nos sintamos cansados (cf. Mt 11:29). A la vez, el Señor por medio de su Espíritu nos invita a volver cada día a nuestro "amor primero", es decir, a la fidelidad en nuestro amor hacia Él. Este amor se concreta en caminar según la propuesta de su Evangelio de vida. Yo sé, Señor, escribe san Juan de la Cruz, que amor, solo con amor se paga.

✠ *¿Qué más podemos aprender de este pasaje?*

La carta a la Iglesia de Esmirna (Ap 2:8-11)

Aunque vivían en la pobreza, los cristianos de Esmirna podían considerarse ricos al poner su confianza en Dios. Los cristianos vemos la vida como una carrera, al final de la cual, los que perseveren en la fidelidad a Dios, recibirán una corona. Aquel que participa en una carrera, tiene sus ojos fijos en la meta y no en las dificultades de la prueba. Al igual que a los cristianos de Esmirna, el Señor también nos invita a conservar nuestra mirada fija en la meta, en donde Él nos espera, para entregarnos la corona de la vida, es decir, el premio de la vida eterna, vida en plenitud que todos anhelamos. Cristo no nos promete una vida sin dificultades, pues el camino que conduce a la vida es estrecho (cf. Mt 7:13-14). Nos asegura su continua asistencia y nos invita a una confianza constante en Él. Su victoria es nuestra victoria.

✠ *¿Qué más podemos aprender de este pasaje?*

La carta a la Iglesia de Pérgamo (Ap 2:12-17)

En el Segundo libro de los Macabeos, leemos la historia de un hombre llamado Eleazar, quien siendo ya anciano, prefirió la muerte a infringir la Ley de Dios, aunque fuera en algo aparentemente pequeño como comer carne de cerdo, algo que la Ley prohibía (cf. 2 Mc 6). Sus amigos, que lo conocían desde hacía mucho tiempo y que habían sido infieles a Dios para salvar sus vidas, le sugirieron que hiciera traer carne permitida y la comiera fingiendo ser carne del sacrificio pagano. Eleazar se rehusó, porque con esto daría un mal ejemplo a los jóvenes judíos, quienes creerían que él había comido carne sacrificada a los falsos dioses para huir de la muerte. Esto no lo quería hacer él, que había sido fiel a Dios durante toda su vida. Y sufrió el suplicio y la muerte por su fidelidad a Dios. De manera semejante, muchos cristianos de Pérgamo murieron, por no querer participar en los banquetes paganos.

Pablo dice que la comida ofrecida a los ídolos podía ser consumida, pero cuidando de no dar escándalo con ello a otros cristianos más débiles, es decir, cristianos que podrían interpretar aquello como un acto de culto y no como un simple acto de alimentación corporal (cf. 1 Cor 8:7-13).

✠ *¿Qué más podemos aprender de este pasaje?*

La carta a la Iglesia de Tiatira (Ap 2:18-29)

Dios alertó a Moisés con estas palabras sobre los israelitas que caían en la idolatría: "...este pueblo se levantará y se prostituirá con dioses extranjeros, los de la tierra en la que va a entrar" (Dt 31:16). Comprometerse con Cristo, es hacer con Él una alianza de fidelidad. La alianza con Dios en la Escritura es comparada con la alianza matrimonial. Por eso, toda forma de adoración idolátrica es comparada, no solo con la imagen del adulterio, sino también con la de la prostitución, para subrayar la gravedad de este pecado a los ojos de Dios. Vivimos en un mundo que se fabrica constantemente ídolos. Los cristianos estamos llamados a dar culto solo al Dios vivo y no a los ídolos del poder, del dinero y del desenfreno moral. A la Iglesia de Tiatira Jesús se le presenta como aquel que tiene los ojos como llamas de fuego, es decir, que conoce hasta lo más profundo sus corazones y conciencias. El recuerdo de esta verdad, ayuda al creyente a vivir y a obrar siempre de cara a Dios y a cultivar el sentido de su presencia en la propia vida.

✠ *¿Qué más podemos aprender de este pasaje?*

PARTE 2: ESTUDIO INDIVIDUAL (AP 3-5)

Día 1: Las cartas de Juan a las iglesias de Sardes, Filadelfia y Laodicea (Ap 3)

Juan envía la quinta carta de la sección inicial del Apocalipsis al ángel de la Iglesia de Sardes, ciudad distante unos 100 km. al sureste de Tiatira. La ciudad fue destruida por un terremoto en el año 17 a.C., siendo reconstruida poco después por el emperador Tiberio. En esta carta Cristo es descrito como el que tiene "los siete espíritus de Dios y las siete estrellas". Los "siete espíritus" parecen estar en línea con 1:4.16.20, la tradición de los siete ángeles que sirven ante el trono de Dios y sobre los cuales Cristo resucitado también tiene dominio (cf. Flp 2:10; Heb 1:4-14; 2:5-9). Cristo dice a esta comunidad que, aunque su fe parezca viva, está en realidad casi muerta, por no tener obras y por eso los anima a reavivarla y a retomar la vigilancia, de lo contrario "el Señor llegará como un ladrón" (cf. Mt 24:43). La imagen habla de la imprevista llamada del Señor al Juicio.

En la comunidad, sin embargo, solo algunos pocos han permanecido fieles, no "manchando sus vestidos", símbolo genérico de la iniquidad (cf. Zac 3:3-5) y por contraposición la "vestidura blanca" es símbolo de la conversión y purificación. En el rito del Bautismo, los que han sido bautizados reciben una vestidura blanca como símbolo de su consagración y pureza interior. Los que conservaren "limpio su vestido", tendrán su nombre escrito en el libro de la vida y el Señor será su testigo favorable ante el Padre y sus ángeles. El libro de la vida representa el "registro" de los que heredarán la vida eterna.

A la Iglesia de Filadelfia, ciudad a su vez al sureste de Sardes, Cristo se le presenta como el Santo y el Veraz, el que tiene en sus manos la llave de David. En lenguaje bíblico, las llaves son utilizadas para significar el poder y la autoridad. La imagen de la llave de David habla por tanto de Cristo como el prometido sucesor de David (cf. Is 22:22; Lc 1:32). El Señor dice conocer la conducta de esta comunidad, que a pesar de ser pequeña y débil a nivel de gobierno interno, ha permanecido fiel a la Palabra y no ha renegado de Cristo en medio de la persecución. Predice además que los falsos judíos ya mencionados anteriormente ("la sinagoga de Satanás"), vendrán y se "postrarán a los pies". Así conocerán el poder de Cristo y cuánto ha amado este a los fieles de esta comunidad. El profeta Isaías también presenta la imagen de las naciones viniendo y postrándose ante los fieles de Dios (cf. Is 45:14).

A causa de su fidelidad, continúa el Señor, la Iglesia de Filadelfia recibirá una especial protección a la hora de la prueba que vendrá sobre todos los habitantes de la tierra (en el fin de los tiempos). Cristo les anima a perseverar y a no perder la corona de la vida que recibieron y promete a los vencedores hacer de ellos "columnas" en el templo de Dios, sobre las cuales pondrá el nombre de Dios, el de la Ciudad Santa, la nueva Jerusalén, y su "nombre nuevo" (de Cristo). Dado que la columna expresa la idea de fortaleza, la afirmación parece significar que el vencedor se hace de tal modo fuerte que lo seguirá siendo en la vida eterna, porque sus buenas obras lo siguen acompañando (cf. Ap 14:13). A este beneficio se añade el don de un triple nombre: el nombre de Dios, de la Ciudad Santa y de Cristo. Aquí la analogía parece ser con el uso griego de tener escrito sobre las columnas de los templos las cláusulas de un tratado y los nombres de individuos que hacían las veces de "cónsules" (en sentido moderno) en una determinada ciudad. El sentido de la expresión parece ser el de la perenne pertenencia que el vencedor llevará "inscrito" en sí: a Dios, a la Nueva Jerusalén y a Cristo.

El mensaje final de Cristo es para la Iglesia de Laodicea, ciudad al sureste de la ciudad de Filadelfia. En esta carta, Cristo habla como el "Amén, el testigo fiel y veraz, el Principio de la creación de Dios". El término "amén" como título parece ser una reminiscencia de Isaías 65:16, que junto con la expresión "testigo fiel y veraz" parece referirse a Cristo como al mediador en el cual Dios confía y del cual también la Iglesia debe fiarse, aceptando dócilmente sus palabras. Finalmente, con la expresión "principio de la creación de Dios", el autor identifica a Cristo con la Sabiduría y con la Palabra creadora (cf. Prov 8:22; Sab 9:1s; Jn 1:3; Col 1:15; Heb 1:2).

En el caso de la Iglesia de Laodicea, Cristo resucitado no hace ninguna alabanza, sino que inmediatamente la reprende por su tibieza. Por no ser ni fría ni caliente, sino tibia, el Señor la "vomitará de su boca". Al parecer, esta Iglesia gozaba de una gran prosperidad económica y miraba con cierta indiferencia el sufrimiento de las demás Iglesias, agradeciendo que no sufría la misma suerte. Ante esta actitud, el Señor le revela su verdadera situación con cinco adjetivos: desgraciada, digna de compasión, pobre, ciega y desnuda, indicando que en realidad se encontraba necesitaba de los verdaderos bienes. La invita a buscar la verdadera riqueza en el "oro acrisolado al fuego" (símbolo de los sufrimientos que padece todo verdadero testigo de Cristo); en los "vestidos blancos" (símbolo de consagración bautismal, de la vida nueva, de la total dedicación a Cristo y del abandono de la vida de pecado); y "colirio" para sus ojos, símbolo del conocimiento y del discernimiento, para ver lo que es bueno y verdadero. Ante esta fuerte corrección, el Señor les recuerda que se lo dice por el amor que les tiene (cf. Prov 3:12).

Por ello, invita a la Iglesia de Laodicea a un sincero cambio de vida. Dicha invitación es como un estar a las puertas, llamando, para conceder a los que le abrieren el don de su amistad e intimidad (simbolizado en la imagen de la cena). Además, a los victoriosos, el Señor les promete la participación en su gloria, don significado en la imagen de "sentarse conmigo en mi trono".

Lectio Divina

Pasa de 8 a 10 minutos en contemplación silenciosa del siguiente pasaje:

En la carta a la Iglesia de Sardes, Cristo declara que los que le son fieles caminarán con Él, vestidos de blanco; en la carta a la de Filadelfia, dice dejar la puerta abierta a los que profesan la fe en Él; y en la carta a la de Laodicea, dice estar a las puertas y llamar, esperando que le abramos. Todas las cartas del Apocalipsis ilustran de diversas formas el deseo de Dios de formar parte de nuestra vida. Jesús dijo haber venido para que tengamos vida en abundancia (cf. Jn 10:10). Por eso el Señor llama constantemente a la puerta de nuestra vida: para compartir con nosotros el don de su amistad.

En el Evangelio de Lucas, encontramos el episodio del encuentro de Jesús con un jefe de publicanos llamado Zaqueo. Este, queriendo ver a Jesús, se sube a un árbol, porque era de baja estatura. Al pasar por ahí, Jesús lo ve y le dirige la palabra, y le anuncia que se hospedará en su casa (cf. Lc 19:1-10). Con Jesús en su casa, Zaqueo experimenta la gracia de la conversión y cambia su vida. "No me han elegido ustedes a mí, sino que yo los he elegido a ustedes" (Jn 15:16).

✠ *¿Qué más podemos aprender de este pasaje?*

Día 2: La visión de la corte celeste (Ap 4)

En el capítulo que sigue, Juan describe su visión de la corte celeste. Una puerta se abre en el cielo y le permite ver el más allá de Dios. La expresión de la puerta abierta recuerda la del profeta Ezequiel al inicio de su profecía (cf. Ez 1:1). De hecho, varias de las expresiones que encontramos a lo largo de este capítulo del Apocalipsis son similares a las del primer capítulo del libro de Ezequiel.

Los antiguos imaginaban el cielo como una estructura curva, semejante a una bóveda, con verdaderas puertas. Juan, al igual que Ezequiel, recibió una especial revelación que sobrepasa la mera experiencia humana. Juan es invitado por la voz como "de trompeta" a subir y conocer lo que estaba por acontecer. La revelación que Juan recibirá no se refiere al fin de los tiempos, sino al futuro del mundo en el cual está viviendo.

Juan no habla como si su cuerpo hubiera ascendido a la esfera celeste, sino que "cayó en éxtasis" (cf. 4:2). En su visión del cielo, Juan dice haber visto un gran trono y en el trono sentado a uno que tenía aspecto brillante como el jaspe y la coralina. Juan utiliza la imagen de las piedras preciosas para describir a Dios, quizás para evitar compararlo con un ser humano. La imagen del trono representa el dominio de Dios sobre todos los soberanos de la tierra, como por ejemplo el emperador. Ezequiel también habló de una figura semejante a un ser humano sentado en un trono (cf. Ez 1:26). Daniel dijo haber visto un anciano sentado en su trono (cf. Dn 7:9). En conformidad con la tradición judía, Juan no menciona explícitamente a Dios, sino a imágenes que según el contexto se refieren a Dios.

Ezequiel notaba que el esplendor que circundaba al Señor era como un arco iris en el cielo (cf. Ez 1:28). Juan, por su parte, habla de un arcoíris semejante a una esmeralda circundando el trono. Alrededor del trono de Dios estaban sentados otros veinticuatro ancianos en tronos. Estos, al parecer representando una especie de concilio celeste, vestían ropas blancas y tenían coronas doradas sobre sus cabezas, imágenes de la gloria celestial. Así como los ancianos formaban parte de los poderosos consejos terrenales, de manera semejante el consejo del cielo estaba compuesto también por ancianos. El numero veinticuatro representa a los jefes de las doce tribus de Israel y a los doce compañeros de Jesús, o bien, a los cristianos que habían dado un testimonio fiel de Cristo con sus vidas. Algunos comentaristas creen que este se refiere a los profetas del Antiguo Testamento.

Los truenos que salían del trono son símbolos del poder de Dios que está siempre activo. Las siete antorchas delante del trono parecen simbolizar los siete candelabros que se encuentran en el ambiente divino. Las siete antorchas también representan a los siete espíritus o ángeles custodios de las Iglesias. Estos siete espíritus significan el dominio de Dios sobre toda la tierra.

El pavimento del ambiente divino es descrito como un mar transparente semejante al cristal. Ezequiel hablaba del firmamento como una realidad hecha de cristal (cf. Ez 1:22). En el primer relato de la creación en el libro del Génesis, leemos que Dios hizo una bóveda para separar las aguas de arriba de las aguas de abajo (cf. Gn 1:6-7). De acuerdo con la visión del mundo que se tenía en la época del autor, la tierra era llana y Dios había puesto una bóveda sobre la tierra para separar el caos de las aguas. Juan parece describir a Dios como sentado sobre las aguas que se encontraban por encima de la bóveda, las cuales era como un mar de cristal bajo sus pies. La imagen también quiere significar el poder de Dios sobre el caos y el mal. En la antigüedad, el mar era visto como la morada del caos y del mal, los cuales bajo los "pies" de Dios se vuelven dóciles y tranquilos.

Circundando el trono de Dios estaban cuatro seres vivientes, cubiertos de ojos por delante y por detrás. Sus numerosos ojos simbolizan que estas creaturas pueden ver y entender todas las cosas. La primera creatura se parecía a un león; la segunda, a un novillo; la tercera tenía aspecto humano y la cuarta, a una águila en vuelo. Muchos comentaristas creen que estos símbolos eran originariamente imágenes tomadas de los signos del zodíaco Babilonio. Ezequiel también habla de dichas creaturas (cf. Ez 1:10). En el Apocalipsis, además, cada una de ellas tenía seis asas, una descripción que recuerda a la de Ezequiel en 1:6 y a la de Isaías en 6:2.

Desde el siglo II, san Ireneo de Lyon, seguido por otros teólogos, relacionó cada una de las cuatro creaturas del Apocalipsis con los cuatro evangelistas. Estos fueron representados en el arte cristiano como seres alados. A Marcos se le representó con el león, dado que su mensaje empieza directamente con la predicación de Juan Bautista, la "voz que clama en el desierto"; a Lucas, con el novillo, animal del sacrificio, dado que su Evangelio empieza en el Templo con el episodio del sacerdote Zacarías; a Mateo, con el que tenía aspecto humano, dado que empieza su Evangelio con la genealogía de Jesús descendiente de David, descendiente de Abrahán; finalmente, a Juan se le representa con el águila, que vuela hasta las alturas del cielo, significando al evangelista que habló de Jesús como Dios que se hizo hombre, empezando su Evangelio hablando precisamente del misterio de Dios.

En el Apocalipsis, Juan escuchó a las creaturas alabando a Dios con las palabras de los querubines que encontramos en Isaías 6:3: "Santo, Santo, Santo es el Señor Dios todopoderoso...". Sin embargo, a dichas palabras las creaturas añaden la aclamación previa de Apocalipsis 1:8, en vez de la expresión de Isaías, "la tierra está llena de su gloria". Al sonido de esta alabanza se dice que los ancianos se postraron ante el trono en señal de adoración al Dios que vive por los siglos de los siglos. Estos además se quitaron sus coronas, significando su total sumisión a Dios y aclamaron al Señor Dios, como creador de todo, el único digno de recibir todo honor, poder y gloria, porque todas las cosas existen conforme a su voluntad.

Lectio Divina

Pasa de 8 a 10 minutos en contemplación silenciosa del siguiente pasaje:

El lenguaje de Juan, como el de toda la literatura apocalíptica, es altamente imaginativo, a través del cual se transmite un mensaje inspirado sobre el poder de Dios, su amor y su cuidado por todas las personas. Su escrito fue pensado para infundir ánimo y esperanza. Su contenido fundamental es el de la confianza en Dios que la persona de fe alcanza cuando llega a contemplar la grandeza de Dios, Señor del mundo y de la historia. El poder y el amor del Señor están siempre actuando en la historia de los hombres; para él todo es posible.

✠ *¿Qué más podemos aprender de este pasaje?*

Día 3: El libro y el Cordero (Ap 5)

A la derecha del que estaba sentado sobre el trono, Juan vio un rollo (un libro) con siete sellos, escrito por ambos lados. En aquella época, era común utilizar rollos de papiro para la escritura manuscrita. Una vez escrito el texto, este se enrollaba y se sellaba con un poco de cera derretida sobre la cual se imprimía la insignia del remitente, normalmente del anillo que usaba. Esto aseguraba que nadie leería el mensaje antes que el destinatario, especialmente cuando se trataba de correspondencia oficial, venida de alguna autoridad.

Al decir que el rollo/libro estaba sellado con siete sellos, era una manera de afirmar que estaba perfectamente cerrado. Juan entonces escuchó la voz fuerte de un ángel que preguntaba quién sería digno de romper los sellos y revelar el contenido del libro. Según la cosmovisión de la época, no hubo nadie en ninguna de las tres esferas (cielo, tierra y bajo tierra) que fuera digno de romper los sellos y entender el contenido del escrito.

La imagen del rollo secreto aparece ya en los escritos de carácter apocalíptico del Antiguo Testamento, como en Ezequiel 2:9-10 y en Daniel 12:4. Pero, mientras en Daniel se le dice al profeta que selle el libro hasta el tiempo final, en el caso de Juan, sucede todo lo contrario. El ángel pregunta en voz alta si habría alguien que pudiera romper los sellos e interpretar el contenido. La apertura del mismo se relaciona con el inicio del fin de los tiempos, el cual prepara la segunda venida de Cristo. Al romper los sellos, el escrito apocalíptico de Juan lleva a cumplimiento el mensaje que Daniel había dejado cerrado siglos atrás.

Y Juan lloraba porque no se encontraba a nadie que pudiera abrir los sellos. En esto, uno de los ancianos le dice que no llore más, pues el "león de la tribu de Judá" (cf. Gn 49:9), "el retoño de David" (cf. Is 11:1.10), dos imágenes bíblicas para referirse a Cristo, que por su resurrección había triunfado, era digno de romper los sellos y abrir el libro.

Juan entonces vio a un Cordero de pie entre el trono y los cuatro seres vivientes. Dicha posición indicaba el lugar preeminente del Cordero, estando más cercano al trono que cualquier otra creatura. El Cordero estaba en pie –símbolo de la resurrección– y se presentaba como uno que había sido degollado, lo cual es una referencia a la pasión y muerte de Cristo, evocando la profecía de Isaías 53:7. Por otra parte, el cordero visto por Juan tenía siete cuernos y siete ojos. Los cuernos son símbolo de fuerza y de poder, mientras que los ojos, como mencionamos antes, significan la capacidad para ver y conocer todo. El número siete indica la plenitud y perfección de dichos atributos en el Cordero.

El Cordero tomó el libro del lado derecho del que sienta sobre el trono, ante lo cual los cuatro seres vivientes y los veinticuatro cuatro ancianos se postraron en adoración (como habían hecho delante del que estaba sentado en el trono en 4:8-10), afirmando que el cordero era digno de participar del poder y de la gloria de Dios. Además, aquellos que se postraron ante el cordero, tenían en sus manos harpas, que en el Antiguo Testamento se usaban para cantar salmos y alabanzas a Dios, y copas de oro llenas de perfume (incienso), que el mismo autor explica ser las oraciones de los fieles cristianos.

Juan da testimonio ante la corte celestial, la cual canta un cántico nuevo en honor del cordero, diciendo en alta voz que el cordero es digno de recibir el libro y romper sus sellos, pues Él ha sido inmolado y ha rescatado para Dios gente de todas las tribus, lenguas, pueblos y naciones. El profeta Isaías escribió sobre el canto nuevo, cuando la gloria y el poder del Señor se hicieran manifiestos (cf. Is 42:10). La referencia a la gente de todas las "tribus, lenguas, pueblos y naciones" es una expresión para indicar la totalidad del mundo. Estos fueron hechos un reino y sacerdotes que sirven a Dios. Dado que Dios domina sobre todo el mundo, Juan afirma que también los fieles reinarán en el reino de Dios sobre la tierra.

La visión continúa declarando que toda la corte celeste –ángeles, creaturas vivientes y ancianos– se unieron en la alabanza al Cordero. Y un numero sin fin de gentes alababa al Cordero que había sido degollado, declarando que él era digno de recibir el poder, la riqueza, la sabiduría, la fuerza, el honor, la gloria y la bendición. La visión se mueve por así decir de la corte celeste al entero universo, una vez que Juan oye a todas las creaturas del cielo, la tierra y de debajo de la tierra y del mar uniéndose a la alabanza de aquel que se sienta sobre el trono y del Cordero. Los seres vivientes dijeron un solemne "amén" ante este dramático y universal clamor de alabanza, mientras los ancianos de nuevo se postraron.

Lectio Divina

Pasa de 8 a 10 minutos en contemplación silenciosa del siguiente pasaje:

En el Evangelio de Juan, el Bautista presenta a Jesús a dos de sus discípulos como el "Cordero de Dios". "Al día siguiente, Juan se encontraba de nuevo allí con dos de sus discípulos. Fijándose en Jesús que pasaba, dice: «He ahí el Cordero de Dios» (Jn 1:35-36). La imagen del Cordero evoca el sacrificio antiguo del cordero pascual, que el pueblo escogido debía ofrecer y luego compartir en una cena solemne, durante la fiesta de Pascua. Dicho acontecimiento era un memorial de la gran liberación de la esclavitud de Egipto. Jesús es el nuevo Cordero que se ofrece a Dios en lugar del cordero pascual, trayéndonos la gran liberación de nuestra condición de pecado y muerte a la de resurrección y vida, y por ello es digo de toda alabanza, gloria y honor.

✠ *¿Qué más podemos aprender de este pasaje?*

Preguntas de repaso

1. ¿Qué podemos aprender del mensaje de Cristo a la Iglesia de Sardes?

2. ¿Qué podemos aprender del mensaje de Cristo a la Iglesia de Filadelfia?

3. ¿Qué podemos aprender del mensaje de Cristo a la Iglesia de Laodicea?

4. ¿Por qué solamente el Cordero fue digno de romper los sellos y abrir el libro?

5. ¿Qué quiso decir Juan cuando escribió que todas las creaturas se unían en la alabanza a Dios y al Cordero?

6. ¿Cómo relacionaron los antiguos autores eclesiásticos los cuatro seres vivientes del Apocalipsis con los cuatro evangelistas?

Los siete sellos

APOCALIPSIS 6-9

"Porque el Cordero que está en medio del trono los apacentará y los guiará a los manantiales de las aguas de la vida. Y Dios enjugará toda lágrima de sus ojos" (Ap 7:17).

Oración inicial (Ver p.15)

Contexto

Parte 1: Apocalipsis 6. Juan ve al Cordero romper los primeros seis sellos, en relación con los cuales presenta una serie de imágenes. Los primeros cuatro sellos siguen un esquema literario semejante: una parte auditiva, en la cual Juan oye a cada uno de los cuatro seres vivientes gritando: "¡Ven!"; una parte visiva, con la aparición de un caballo de un determinado color montado por un jinete; a continuación, la descripción del jinete y su equipaje; y finalmente la entrega a cada uno de ellos de algún poder. Los siguientes dos sellos se relacionan entre sí, no por su forma expositiva, que es muy diversa, sino porque uno es una pregunta (quinto) y el otro la respuesta (sexto).

Parte 2: Apocalipsis 7-9. En el capítulo séptimo, Juan ve a cuatro ángeles de pie en los cuatro puntos cardinales de la tierra, sujetando en sus manos a los vientos hostiles. Otro ángel les dice que no los suelten para castigar la tierra, antes de que los electos de Dios sean marcados en la frente. Los señalados y así protegidos de la destrucción son 144,000 de las doce tribus de Israel. A continuación Juan ve a un número incontable de personas con vestiduras blancas y proclamando que la salvación viene del Cordero. Estos son los que vuelven de la gran tribulación y lavaron sus vestidos en la sangre del Cordero. Al séptimo sello (inicio del capítulo 8) no sigue ninguna visión, sino solo un enigmático silencio, que introduce los capítulos 8 y 9. A continuación Juan ve a siete ángeles delante de Dios con siete trompetas y un ángel aparte que llena un incensario de oro con incienso, el cual representa las oraciones de los santos. Al toque de cada trompeta se siguen desastres naturales sobre la tierra, cargados de simbolismo. El resultado del toque de la séptima trompeta se sabrá capítulos más adelante.

PARTE 1: ESTUDIO EN GRUPO (AP 6)

Leer en voz alta Apocalipsis 6.

Los primeros cuatro sellos (Ap 6:1-8)

Al ser rotos los sellos, el libro, en vez de ser leído, se convierte en una instrucción viviente sobre el fin de los tiempos. Es importante recordar que la narración de carácter apocalíptico no predice los acontecimientos en orden cronológico, sino más bien simultáneo, lo cual por momentos dificulta considerablemente su comprensión, especialmente estando envueltos en un cargado juego de símbolos.

Muchos comentaristas creen que la imagen de los caballeros ha recibido un grande influjo del texto de Zacarías 1:8-14, en el cual el profeta habla de la visión de un jinete montado sobre un caballo rojo, al cual seguían caballos de otros colores. Estos son enviados por el Señor para patrullar la tierra. En el Apocalipsis, los caballeros y sus caballos señalan alguna forma de destrucción del mundo.

Al romper el Cordero el primer sello, Juan escucha el primer "¡Ven!", del primer ser viviente y ve a un caballo blanco, cuyo jinete traía en la mano un arco. Este jinete recibió una corona. El caballo blanco y la corona son símbolos de victoria. Los comentaristas ven en el arco un símbolo del ejército de los partos, una poderosa nación del Este y una amenaza para el poder del Imperio Romano. Los partos eran famosos por su habilidad para usar el arco en acciones de guerra. El sentido del texto parece expresar la expectativa y esperanza que fueran los Partos quienes derrotarían al enemigo del Cristianismo.

A la apertura del segundo sello, entra en escena un caballo rojo, que recibe el poder de destruir la paz sobre la tierra, dando muerte a gran parte de su población. Dicho caballo es símbolo evidente de la guerra, conforme el mismo contexto lo indica, además de que el jinete recibe una gran espada. El color rojo, además, recuerda la sangre, resultado de la matanza en la gran guerra que tendría lugar sobre la tierra.

A romper del tercer sello, Juan ve a un caballo negro, cuyo jinete traía en la mano una balanza. Dicho caballo simboliza el hambre, conforme a la expresión que sigue. De hecho, el precio de la porción de trigo cuesta lo mismo que el sueldo de un día de trabajo, mientras lo mismo, para tres cantidades de cebada. La cantidad de trigo era suficiente para alimentar a una sola persona, mientras la cebada era la comida de los pobres. El motivo del alto costo del trigo y de la cebada se encuentra en su escasez debido a que se daba prioridad al cultivo de dos productos menos esenciales, la uva para el vino y los olivos para el aceite.

Finalmente, el Cordero abre el cuarto sello y Juan ve una caballo verdoso, cuyo jinete era la Muerte y al cual le seguía el "abismo" (es decir, la morada de los muertos).

Los cuatro caballos y sus caballeros reciben el poder de diezmar un cuarto de la población de la tierra, con guerra, hambre, peste y animales salvajes. El final del versículo 8 hace ver, como se anotaba en la introducción, que los acontecimientos de la visión de estos cuatro sellos son vistos como concomitantes y no sucesivos

El quinto y el sexto sello (Ap 6:9-17)

A partir de la apertura del quinto sello, el panorama cambia. De hecho, al abrir el Cordero el quinto sello, Juan ve debajo del altar las almas de aquellos que habían sufrido el martirio por su fidelidad a la Palabra de Dios. Estos clamaban justicia en alta voz (justicia, no venganza). Un cuestionamiento común en el tiempo de Juan por parte de los cristianos era saber por cuánto tiempo permitiría Dios que el poder del mal prevaleciera en el mundo.

La imagen de los mártires debajo del altar simboliza el valor sacrificial de la oferta de sus vidas. Todos llevaban vestiduras blancas, símbolo de la gloria celestial. Se les pidió que tuvieran todavía paciencia hasta que se completara su número.

El Cordero entonces abrió el sexto sello, al cual siguieron violentas turbulencias en el cielo y en la tierra. Estos no deben ser tomados al pie de la letra, pues tienen un valor simbólico de trastornos en la sociedad y no en la naturaleza. Se refieren al día del juicio, un día de ira comparable a un terremoto, a las tinieblas, a cambios de color en la luna, a estrellas cayendo del firmamento, dado que el cielo colapsa y las montañas e islas se desprenden de sus fundamentos. Juan describe a las estrellas cayendo del cielo como higos de la higuera sacudidos por un fuerte viento (siguiendo la visión antigua de que las estrellas estaban "colgadas" en la bóveda del cielo (cf. Gn 1:6-8, 14-19); y el cielo era recogido como se enrolla un rollo de papiro o pergamino.

Los cataclismos cósmicos son un rasgo característico de la literatura apocalíptica que encontramos en la Escritura. Amós habla de la tierra que tiembla, de la gente que hace duelo, de la tierra que baja como el Nilo y de las tinieblas que caen durante el día (cf. Am 8:9-10). Joel escribió: "¡Ante ellos tiembla la tierra, se estremecen los cielos, el sol y la luna se oscurecen y las estrellas pierden su brillo!" (Jl 2:10). Y el profeta Isaías: "Cuando las estrellas del cielo y la constelación de Orión no alumbren ya, esté oscurecido el sol en su salida y no brille la luz de la luna" (Is 13:10).

Juan vio a reyes, nobles, oficiales militares, ricos y poderosos, esclavos y libres, escondiéndose en cuevas y en las rocas de los montes. Cuando Isaías habló del día del juicio del Señor, describió a la gente intentando esconderse de Dios, diciendo, "y se meterá en los agujeros de las peñas y en las hendiduras de las piedras" (Is 2:21). El castigo que se sufrirá en el día del juicio será tan grande que se preferirá la muerte y el olvido con tal de no sufrir la ira de Dios. Los malvados gritarán a las montañas que los aplasten y los escondan de aquel que se sienta en el trono y de la ira del Cordero. Nadie podrá escapar del día del juicio.

Preguntas de repaso

1. ¿Cuál es el mensaje del Apocalipsis a la apertura del primer sello?

2. ¿Cuál es el mensaje del Apocalipsis a la apertura del segundo sello?
3. ¿Cuál es el mensaje del Apocalipsis a la apertura del tercer sello?
4. ¿Cuál es el mensaje del Apocalipsis a la apertura del cuarto sello?
5. ¿Cuál es el mensaje del Apocalipsis a la apertura del quinto sello?
6. ¿Cuál es el mensaje del Apocalipsis a la apertura del sexto sello?
7. ¿Por qué los mártires esperaban ansiosos el día del Juicio?

Oración final (Ver p. 16)

Hacer la oración final ahora o después de la *lectio divina*.

Lectio Divina (Ver p.8)

Relájate y mantén una postura de oración (espalda recta, ojos cerrados, pies apoyados en el suelo). Este ejercicio puede durar cuanto gustes, pero en el contexto de este estudio bíblico, de 10 a 20 minutos deberían ser suficientes.

Las meditaciones que siguen se ofrecen para ayudar a los participantes a usar esta forma de oración, pero hay que considerar que la *Lectio* está pensada para conducirlos a un ambiente de contemplación orante, donde la Palabra de Dios habla al corazón de quien la escucha (ve la página 8 para más instrucciones).

Los primeros cuatro sellos (Ap 6:1-8)

A lo largo de la historia, fueron varios los contextos de guerra y cataclismos naturales que ofrecieron la ocasión para que no pocos predicadores clamasen que el fin de los tiempos estaba cerca. Pero Jesús había dicho: "Cuando oigan hablar de guerras y de rumores de guerras, no se alarmen; porque eso es necesario que suceda, pero no es todavía el fin. Pues se levantará nación contra nación y reino contra reino. Habrá terremotos en diversos lugares, habrá hambre: esto será el comienzo de los dolores de parto" (Mc 13:7-8). Y en otra ocasión, Jesús afirmaba que a nadie le había sido dado conocer cuándo sería el final de los tiempos; eso era algo que solo sabía el Padre. Y urgía a sus seguidores a vivir cada día como si fuera el último, en actitud vigilante (cf. Mc 13:37). La alusión al fin de los tiempos en el Apocalipsis es sobre todo una invitación a la vigilancia que debe caracterizar a todo discípulo de Jesús. Es una invitación a la fe en el poder de Dios y una invitación a la confianza en él en todo momento, pero especialmente en medio de circunstancias adversas.

✠ *¿Qué más podemos aprender de este pasaje?*

El quinto y el sexto sello (Ap 6:9-17)

El libro del Apocalipsis es en realidad un libro que busca infundir esperanza en aquellos que permanecen fieles al Señor. El Señor, el Creador del mundo, es quien gobierna el mundo. El mal pronto perderá su fuerza en la creación de Dios y el Señor bendecirá a sus fieles. En el Apocalipsis, los fieles son representados por lo mártires y por otros que comparten la gloria en la corte celeste. Los fieles tendrán que afrontar dolor, sufrimiento y miedo en la vida, pero seguirán adhiriéndose al Señor en la fe, sin importar lo que pase. El creyente sabe que la misericordia del Padre sabrá siempre sacar un bien mayor de cualquier mal que pueda experimentar en su vida. El juicio es para todos, por lo cual los malvados deben temer y esconderse cuando vean llegar el día de rendir cuentas de la propia vida al Justo Juez. Los justos, confiando en Dios, saben esperar con serenidad su encuentro con el Juez y Amigo.

✠ *¿Qué más podemos aprender de este pasaje?*

PARTE 2: ESTUDIO INDIVIDUAL (AP 7-9)

Día 1: El triunfo de los elegidos (Ap 7)

Dos visiones interrumpen la apertura del sexto y séptimo sellos. En la primera, Juan, conforme con la cosmovisión de su tiempo, describe la tierra como si fuera una superficie llana con cuatro lados. En cada uno de estos Juan ve a cuatro ángeles, que detienen en sus manos los cuatro vientos que tienen el poder de dañar la tierra, el mar y los árboles. Era creencia común entonces que los vientos favorables venían de los cuatro lados de la tierra, mientras que los destructivos, de los ángulos. Jeremías habla de la destrucción del antiguo reino de Elam, al este de Babilonia, la cual el Señor prometió traer enviando a los vientos desde los cuatro puntos cardinales.

Por el poder de estos vientos el Señor planea dispersar a los combatientes de Elam (cf. Jer 49:34-36).

A continuación Juan ve a otro ángel, viniendo del Este, de Oriente. El ángel tenía en su mano el sello del Dios viviente y dijo a los otros cuatro ángeles que detuviesen todavía a los vientos, hasta que hubiesen marcado en la frente a los elegidos. Estos serían protegidos del castigo. El sello del Dios vivo es un signo de su autoridad y poder. En el libro de Ezequiel, leemos que seis hombres habían sido enviados por Dios para destruir la ciudad de Jerusalén. Delante de ellos el Señor envió a otro hombre vestido de lino para marcar con una "X" la frente de aquellos que habían llorado por las abominaciones que se practicaban en la ciudad. Estos fueron favorecidos por el Señor con una especial protección. Los seis hombres habían sido enviados para dar muerte a los impíos. Aquellos que traían la marca del Dios vivo fueron preservados de la muerte (cf. Ez 9:1-7).

Juan escucha el nombre de los salvados de la gran destrucción: ciento cuarenta y cuatro mil. En la Escritura, como en otros escritos antiguos, se usaban cifras de mil cuando se quería referir una gran cantidad que nadie podría contar. El número ciento cuarenta y cuatro es simbólico también. Siendo el resultado de la multiplicación de doce por doce, para algunos comentaristas este se referiría a las doce tribus de Israel y a los doce apóstoles de Jesucristo, que representaban las cabezas del nuevo Israel de Dios, la Iglesia. Es una posibilidad. Lo cierto es que la cifra es sin duda simbólica indicando a un número incontable de gentes de la antigua y de la nueva alianza, que serían salvados. Cualquier intento de interpretación literal es sin duda alguna erróneo.

Juan de hecho menciona a las doce tribus de Israel por nombre. Sin embargo, una lectura atenta descubre la omisión de la tribu de Dan. Esto al parecer se debe a una creencia Antigua de que el Anticristo vendría de esa tribu. Según lo que se lee en el libro de los Jueces, los descendientes de dicha tribu se desviaron de la Ley de Moisés, haciéndose adoradores de ídolos (cf. Jue 18). En el libro de Jeremías, el Señor amenaza con enviar serpientes venenosas contra la tribu de Dan como castigo por su pecado de idolatría (cf. Jr 16-17). 17). Con el fin de completar el número doce de las tribus, Juan menciona a un nieto de Jacob, Manasés, hijo de José, en sustitución de la tribu de Dan.

La lista de las Doce tribus empieza con la tribu de Judá. Aunque Judá no era el mayor de los hijos de Judá, su nombre aparece primero, dado que el Mesías fue profetizado como proveniente de esa tribu. En la genealogía de Jesús que presenta Mateo, la cual termina con "Jesús, llamado el Mesías", Judá también es mencionado en primer lugar (cf. Mt 1:2.16; también Ap 5:5).

En la siguiente visión, Juan vio a los elegidos delante del trono y del Cordero, llevando vestiduras blancas y palmas en sus manos, símbolos de su victoria. Vio a una inmensa multitud que nadie podía contar, de toda nación, tribu, pueblo y lengua. No pudiendo atribuirse a sí mismos mérito alguno por tal victoria, proclamaban que toda salvación venía del que estaba sentado en el trono (Dios) y del Cordero (Jesucristo), a lo que toda la corte celestial respondió "Amén", añadiendo una aclamación (cf. Ap 7:12).

Para explicar la visión, Juan se valió de una técnica frecuente en la literatura apocalíptica. Uno de los ancianos le pregunta sobre la identidad de aquellos vestidos de blanco y de dónde vienen. Juan evade la respuesta, diciendo a su interlocutor que debería ser él y no Juan quien debería saber la respuesta. El anciano le dice que aquellos eran los que habían sobrevivido a la gran tribulación. Como Cristo, el Cordero que venció pasando a través de la muerte fielmente, aquellas personas eran los mártires que habían "lavado sus vestiduras en la sangre del Cordero", símbolo de que con sus sufrimientos participaban en los sufrimientos de Cristo.

Juan entonces se vale de símbolos litúrgicos para describir la actividad de los elegidos que se encuentran alrededor del trono. Ellos sirven en la presencia del Señor, adorándole continuamente en el templo celeste. El que se sienta en el trono, los protege. Juan aplica el oráculo de Isaías 49:10 a los escogidos, como expresión de su liberación de dichas pruebas. Luego aplica a ellos otros textos del Antiguo Testamento que habla del Señor como pastor, el cual los pastoreará (cf. Is 40:11; Ez 34:23). El Cordero-Pastor los guiará a las fuentes de aguas vivas (cf. Jr 2:13). Dios enjugará toda lágrima de sus ojos (cf. Is 25:8).

Lectio Divina

Pasa de 8 a 10 minutos en contemplación silenciosa del siguiente pasaje:

En el Salmo 23, el salmista canta al Dios de Israel como pastor, que guía y protege al fiel. En el Apocalipsis, Juan habla del Cordero que había sido degollado, como pastor, con expresiones que recuerdan a las del salmista. Él apacentará a los elegidos y los guiará a los manantiales de las aguas de la vida (cf. Ap 7:17; Sal 23:1-2). En efecto, Jesús en el Evangelio había dicho de sí mismo: "Yo soy el buen pastor", a quien sus ovejas conocen y siguen (cf. Jn 10:11.4). Las palabras de Jesús indicaban de hecho el cumplimiento de cuanto Dios había dicho por boca del profeta Ezequiel: "Yo mismo cuidaré de mi rebaño y velaré por él" (cf. Ez 34:11). El Cordero-Pastor, según la imagen del Apocalipsis, nos recuerda que Dios se hizo hombre para rescatar al hombre de las tinieblas del pecado, del error y de la muerte. El Cordero de Dios que vino para quitar los pecados del mundo, dio la vida por sus ovejas. Y siendo Pastor, como dijo san Agustín, se hizo también "pastura", alimento de vida eterna para aquellos que creen en Él.

✠ *¿Qué más podemos aprender de este pasaje?*

Día 2: Las siete trompetas (Ap 8)

El capítulo octavo retoma el tema de la apertura de los sellos y se abre enunciando la apertura del séptimo. Antes de que su contenido comenzara a manifestarse, Juan refiere que se hizo en el cielo un dramático silencio de media hora. Los comentaristas divergen sobre el sentido de dicha expresión, pero lo más probable es que la frase tuviera como finalidad en el proceso narrativo y contemplativo del contenido de esta parte del Apocalipsis, intensificar la expectativa del lector respecto al contenido del séptimo sello, que de hecho da inicio a una nueva serie de visiones, la de las siete trompetas.

Juan dice haber visto siete trompetas dadas a los siete ángeles que sirven en la presencia de Dios. Otro ángel en pie, junto al altar del incienso, sostenía un incensario de oro. A este le fue dado una gran cantidad de incienso, que el autor dice ser símbolo de las oraciones de los santos. Estas recuerdan la petición de justicia de las almas que se encontraban bajo el altar. El ángel las ofreció sobre el altar de oro (del incienso) y su perfume subió hasta la presencia de Dios. A continuación el ángel tomo fuego del altar del incienso, llenó el incensario que traía en la mano y lo arrojó sobre la tierra. En esto se oyeron truenos, fragor, relámpagos y temblor de tierra, que junto con el fuego, son expresiones utilizadas en la Escritura para referirse a la ira de Dios.

En este punto la atención se vuelve a los siete ángeles, que están a punto de sonar las trompetas. Cada vez que un ángel sonaba su trompeta, una catástrofe ocurría. Las cuatro primeras trompetas trajeron destrucción al mundo, mientras las restantes tres, a los seres humanos. Dicha serie de catástrofes no se relacionaban con las visiones de la apertura de los primeros sellos, sino que son nuevos anuncios del juicio de Dios sobre el mundo. Estos significaban el juicio a los que perseguían a los cristianos de Roma.

Los eventos descritos con el sonar de la primeras cuatro trompetas, evocan al lector varias de las plagas de Egipto, conforme al relato del Éxodo (cf. Éx 7:14 – 12:30; Jl 2). De esta manera, Juan equipara la persecución que los cristianos estaban sufriendo en Roma, con la que los israelitas sufrieron en Egipto. Así, cuando el ángel suena la primera trompeta, pedrisco, fuego y sangre llueven sobre la tierra, destruyendo una tercera parte de esta, sus árboles y su vegetación. En el tiempo de Éxodo, el Señor hizo llover pedriscos sobre la tierra de Egipto, causando la destrucción de las cosechas (cf. Éx 9:23-26). El resonar de la primera trompeta trajo devastación a la tierra, diezmando la tercera parte de los árboles y de las plantas verdes. La "tercera parte" significa que dicha devastación de la tierra fue todavía solamente parcial, no completa.

Cuando el segundo ángel sonó su trompeta, algo que parecía a una gran montaña en llamas fue lanzado dentro del mar. Con esta imagen, Juan parece referirse a un volcán en erupción, el cual lanza lava en lo alto y luego cae por tierra o en el agua. El efecto de dicha trompeta fue transformar la tercera parte del mar en sangre, de manera semejante al fenómeno del Nilo en el tiempo de Moisés (cf. Éx 7:20). Una tercera parte de los animales marinos murieron y una tercera parte de las naves se hundieron.

Al toque de la tercera trompeta, dice Juan, una gran estrella ardiente calló del cielo, sobre la tercera parte de los ríos y manantiales. El nombre de dicha estrella era Ajenjo, que evocaba la profecía de Jeremías, en la cual el Señor hablaba en dar a los falsos profetas ajenjo para comer y agua envenenada para beber (cf. Jr 23:15). La estrella candente contaminó la tercera parte de las aguas, que se tornaron amargas y dieron muerte a mucha gente. En el Judaísmo antiguo, los poderes políticos decadentes eran comparados a estrellas que caían. Al hablar de la caída del rey de Babilonia, Isaías lo describe en estos términos: "¡Cómo has caído de los cielos, Lucero, hijo de la Aurora! ¡Has sido abatido a tierra, dominador de naciones!" (Is 14:12).

Cuando el cuarto ángel sonó su trompeta, una tercera parte del sol, de la luna y de las estrellas fue herida, haciéndose la oscuridad. Así el día perdió una tercera parte de su claridad y también la noche. De modo semejante, otra de las plagas de Egipto consistió en tinieblas tan densas que hasta era posible sentirlas (cf. Éx 10:21). La pérdida de luz evoca dicha plaga.

Después de describir estas devastaciones, traídas por el toque de las primeras cuatro trompetas, Juan describe a un águila volando por el cielo, anunciando en tono de lamento que tres infortunios más afligirían a los habitantes de la tierra, al sonar de las tres trompetas faltantes. Una vez que las cuatro primeras trompetas habían afectado a la tierra, el cielo y el mar, estaban ahora por suceder las aflicciones a los mismos habitantes de la tierra.

Lectio Divina

Pasa de 8 a 10 minutos en contemplación silenciosa del siguiente pasaje:

Al oír de la devastación que el toque de las trompetas trajo, podríamos preguntarnos, en el esfuerzo por entender el mensaje, por qué el castigo de Dios había causado semejante destrucción. La gente que padecía persecución estaba familiarizada con el sufrimiento y podía interpretar el toque de las trompetas en modos diversos. El toque de la primera trompeta podría indicar la devastación de la tierra, tal como acontece en las sequías; el de la segunda, a los desastres naturales, tal como tornados, huracanes o inundaciones. El de la tercera trompeta, podría referirse a la amargura que muchos encuentran en la vida, tal como el rechazo, la expatriación o el exilio. El toque de la cuarta podría referirse a la oscuridad que viene sobre el mundo por el pecado y las calamidades, tales como guerras, asesinatos, ambición o crueldad. Dado que se trata de un mensaje oculto, solamente podemos suponer una aplicación para cada toque de trompeta. Tomadas en su conjunto, estas señalan un periodo de sufrimiento y destrucción. El mensaje del Apocalipsis, sin embargo, parece ser el de que no importa cuán difícil pueda volverse la vida a veces porque vivir con la certeza de que Dios tiene control sobre todo, nos da inmensa paz, serenidad y seguridad en el propio caminar.

✠ *¿Qué más podemos aprender de este pasaje?*

Día 3: La quinta y sexta trompetas (Ap 9)

Cuando el ángel tocó la quinta trompeta, Juan dice haber visto una estrella que había caído del cielo. Además de simbolizar la caída de un poder enemigo como Babilonia, como lo mencionamos en la sección inicial del estudio, la literatura hebrea antigua representaba también a los ángeles como estrellas (cf. Ap 1:20). En el presente capítulo y en el siguiente, la estrella que cayó del cielo representa a un ángel caído del cielo que realizará un proyecto de Dios.

El ángel del capítulo 9 recibe de Dios una llave que abre "el pozo del abismo", la región de ultratumba, el lugar de las fuerzas diabólicas. Abrir el pozo (desencadenamiento de las fuerzas del mal) provoca que salga "humo" (liberación de fuerzas caóticas y terribles) el cual toma la forma concreta de langostas, que azotan a los seres humanos, respetando sin embargo a los señalados con la marca de Dios. En el Antiguo Testamento, la invasión de langostas era vista como un castigo terrible de Dios (cf. Éx 10:15). Las langostas de la visión de Juan tienen características muy peculiares (cf. vv.7-10). Estas no son inteligibles en su conjunto, sino en sus partes y parecen simbolizar o sugerir las diversas formas en que Dios puede castigar al mundo. Estas formas pueden ser la guerra (caballos, corazas, carros de guerra); la opresión que unos hombres ejercen sobre otros (simbolizada en la especie de corona de oro que llevan); la seducción de la lujuria (crines como pelo de mujer); la crueldad que el hombre puede llegar a mostrar para con su semejante (dientes como de león) y otras expresiones del mal (representadas en las colas de escorpión). El que inspira todo esto es el Demonio, el "ángel del abismo", designado como "el exterminador" (así se le llama en hebreo y en griego; cf. v.11). La duración de cinco meses indica que el azote tiene una duración y alcance limitados, y al parecer es el tiempo que suele durar una plaga de langostas (cinco meses). Todo esto representa solo el primer flagelo.

La sexta trompeta desencadena el segundo de los tres "¡ay!", que será referido en una amplia sección que va de 9:13 a 11:14. Esta se divide en tres escenas –la caballería infernal, la entrega del librito, los dos testigos–, cada una con su propia simbología. Su mensaje común parece ser que, en el ámbito de la historia de la salvación, antes de que llegue a su cumplimiento, existe una acción de Dios de carácter punitivo y otra de carácter benéfico, ambas parciales y provisionales.

Juan escucha una voz venida de los cuatro ángulos del altar de oro (cf. Éx 27:2), que se encuentra en la presencia de Dios, diciendo al sexto ángel que suelte a cuatro ángeles que se encontraban atados junto al río Éufrates (zona del mal según el imaginario colectivo). El río Éufrates hacía de límite oriental para el Imperio Romano, separándolo de los poderosos partos. Esta primera escena expone la acción de las fuerzas del mal, en toda su monstruosidad y en su carácter incomprensible (simbolizada en su inmenso número, en su descripción difícil de imaginar, pero que deja entrever toda la carga interna de maldad). La referencia al tiempo específico en el que dichas fuerzas llevarían a cabo su devastadora acción maléfica, simboliza el dominio de Dios sobre ellas y de cómo forman parte de un plan de Dios más grande.

Aunque dichas aflicciones deberían conducir a las personas al arrepentimiento y a la conversión, aquellos que sobreviven al hambre, todavía se rehúsan a arrepentirse. Siguen adorando a los demonios o a los ídolos sin vida hechos de oro, plata, bronce, piedra o madera. Asesinatos, brujerías, fornicación y robo son el resultado de la idolatría. En el libro de la Sabiduría, el autor habla de la ira de Dios contra los que se adhieren a prácticas ocultistas y a impíos sacrificios, los cuales incluían la muerte de niños (cf. Sab 12:4-6).

Lectio Divina

Pasa de 8 a 10 minutos en contemplación silenciosa del siguiente pasaje:

Con frecuencia las tragedias y los desastres naturales llevan a las personas a reunirse en lugares de culto, para buscar fortaleza y luz. Cuando dos aviones se estrellaron contra las torres gemelas de Nueva York, miles de personas allí y en todo el mundo se reunían en los templos para rezar por los sobrevivientes, los fallecidos y sus familias, y reflexionar sobre lo ocurrido. Hubo un notable aumento de participación en los servicios litúrgicos. Sin embargo, después de algunos meses de la tragedia, la participación en las asambleas volvía a su situación anterior, como si el miedo y el dolor experimentado se hubieran desvanecido en el pasado. Hay algo peculiar en la naturaleza humana. El libro del Apocalipsis recuerda esta realidad e invita al lector a buscar cada día la propia conversión a Dios, para que pueda perseverar en la fe y en la adhesión a Cristo. Dichas fe y adhesión deben estar más motivadas por el amor que por el temor.

✠ *¿Qué más puedo aprender de este pasaje?*

Preguntas de repaso

1. ¿Cuál es el mensaje sobre los 144,000 mencionados por Juan?
2. ¿Qué significado tiene el vestido blanco y las palmas en la mano de los fieles que Juan vio debajo del altar?
3. ¿Cuál es el significado simbólico del incienso que el ángel ofrece a Dios?
4. ¿Qué simbolizan en su totalidad los acontecimientos de las seis trompetas vistos en la sección anterior?

LECCIÓN 10
El librito devorado
APOCALIPSIS 10-13

"Te damos gracias, Señor Dios Todopoderoso, 'Aquel que es y que era' porque has asumido tu inmenso poder para establecer tu reinado" (Ap 11:17).

Oración inicial (Ver p.15)

Contexto

Parte 1: En Apocalipsis 10 Juan ve a otro poderoso ángel, sosteniendo en su mano un librito abierto. Este pone su pie derecho sobre el mar y el izquierdo sobre la tierra, y habla con voz de león. En el caso de los siete truenos, se le indica a Juan que no escriba lo que oyó, pues le ha sido revelada parte del misterioso plan de Dios que debe cumplirse. A continuación Juan recibe órdenes de tomar el librito de la mano del ángel y comerlo, el cuál le sabe dulce al paladar, pero amargo en el estómago, significando que todavía debía profetizar otras calamidades.

Parte 2: Apocalipsis 7-9. En Apocalipsis 11-13, a Juan se le pide que mida con una caña el templo y el altar, y que cuente a los adoradores. Sigue la profecía de los 1,260 días y la visión de los dos testigos, simbolizados por candelabros y olivos delante del Señor. Estos tenían el poder de afligir a la tierra con otra plaga. Aparece en escena la Bestia del abismo y la descripción de los acontecimientos relacionados. Sigue entonces el conocido episodio de la mujer vestida de sol y su hijo, contra quienes embiste la Bestia. Esta finalmente lucha contra los santos y gana autoridad sobre todas las naciones.

PARTE 1: ESTUDIO EN GRUPO (AP 6)

Leer en voz alta Apocalipsis 6.

Un ángel con un pequeño libro (Ap 10)

Al igual que antes, el autor añade una breve transición entre la apertura del sexto y séptimo sellos. Una nueva visión es presentada en este punto de la narración entre el toque de la sexta y séptima trompetas. Juan ve a un ángel de especial rango venir desde el cielo. En este punto Juan da a entender como si hubiera "vuelto" a Patmos, donde tuvo dicha visión.

En este capítulo el autor reelabora imágenes que se encuentran en los primeros capítulos del libro de Ezequiel. En este, una gran nube viene del norte y cuatro seres vivientes vienen sobre la nube (cf. Ez 1:4-5).

En el Apocalipsis, el gran ángel que Juan "ve" estaba envuelto en una nube. En Ezequiel, la misteriosa figura que el profeta ve se parece a un arcoíris en un día de lluvia (cf. Ez 1:28). En el Apocalipsis, Juan describe una aureola en torno a la cabeza del ángel. Este tenía la faz brillante como el sol y las piernas como columnas de fuego, expresiones típicas de la Escritura al hablar de un ser celeste (cf. Ez 1:27).

El ángel del Apocalipsis sostenía un pequeño libro en la mano y puso un pie en el mar y otro en la tierra, significando que el mensaje contenido en el libro era para toda la tierra. Contrario a lo que sucedía con el libro del capítulo 5, el librito del ángel no tiene sellos y es inmediatamente abierto. El ángel grita con voz fuerte, como de león, y siete truenos se oyen. El trueno es una imagen común en la Escritura para describir el hablar de Dios al pueblo. Así por ejemplo dice el Salmo 29, "La voz de Yahvé sobre las aguas, el Dios de la gloria truena, ¡es Yahvé sobre las aguas caudalosas!" (v.3). En el Salmo 29 (3-9), la voz del Señor es alabada siete veces, señal de la perfección y del poder de la voz de Dios.

Cuando Juan iba a escribir lo que oyó de los siete truenos, una voz del cielo le ordenó que no lo hiciese, pues el mensaje era secreto. Aunque Juan recibió de Dios la revelación completa, al lector no le es dado conocerla en su integridad. En el libro de Daniel, el profeta recibe un orden semejante (cf. Dn 8:26). A continuación el ángel que pisaba la tierra y el mar levantó su mano derecha al cielo (cf. Dt 32:40) y juró por el Dios que vive para siempre, creador de la tierra, del mar y de todo lo que hay en ellos, que todo ahora se cumpliría. Entonces informó a Juan que no habría más retrasos. Apenas el séptimo ángel sonase su trompeta, el misterioso plan de Dios sería plenamente realizado, como el Señor había prometido a sus siervos los profetas. Dicho plan de Dios se hará más claro en los últimos capítulos del Apocalipsis (17:1–19:4, 11–21; 20:7-10). Estas palabras del ángel incrementan el suspenso en torno a la séptima trompeta.

A continuación, la voz del cielo que Juan había oído al inicio, le dice que tome el librito de la mano del ángel. Al hacerlo, el ángel le dice que lo coma. Dichas palabras evocan un episodio semejante que encontramos en el libro de Ezequiel (cf. Ez 2:8–3:4). Juan entonces come el librito, que en su paladar es dulce como la miel (cf. Sal 19:11; 119:103; Ez 3:3); pero en su estómago es amargo, símbolo de las desventuras que Juan tenía que seguir profetizando.

Preguntas de repaso

1. ¿Cuál es el significado del ángel poniendo un pie en la tierra y otro en el mar?
2. ¿Cuál es el simbolismo del librito que era dulce al paladar pero amargo al estómago?
3. ¿A qué se refiere la expresión sobre el cumplimiento del misterioso plan de Dios?

Oración final (Ver p.16)

Hacer la oración final ahora o después de la *lectio divina*.

Lectio Divina (Ver p. 8)

Relájate y mantén una postura de oración (espalda recta, ojos cerrados, pies apoyados en el suelo). Este ejercicio puede durar cuanto gustes, pero en el contexto de este estudio bíblico, de 10 a 20 minutos deberían ser suficientes.

Las meditaciones que siguen se ofrecen para ayudar a los participantes a usar esta forma de oración, pero hay que considerar que la *Lectio* está pensada para conducirlos a un ambiente de contemplación orante, donde la Palabra de Dios habla al corazón de quien la escucha (ve la página 8 para más instrucciones).

El ángel con el librito en mano (Ap 10)

En el libro de Jeremías el profeta le dice al Señor: "Se presentaban tus palabras, y yo las devoraba; era tu palabra para mí un gozo y alegría de corazón" (Jr 15:16). Más tarde, Jeremías se da cuenta de que predicar la palabra del Señor, la cual en un primer momento le trajo tanta alegría, después se convirtió en causa de sufrimiento y burla. Y escribió: "Me has seducido, Yahvé, y me dejé seducir; me has agarrado y me has podido" (Jr 20:7). Aunque promete no volver a hablar en nombre del Señor, esta se le vuelve como fuego que le quema por dentro y no puede contenerla. "Yo decía: «No volveré a recordarlo, ni hablaré más en su Nombre.» Pero había en mi corazón algo así como fuego ardiente, prendido en mis huesos, y aunque yo trabajaba por ahogarlo, no podía" (Jr 20:9).

Aquel que vive de la Palabra de Dios, debe prepararse para afrontar las dificultades y pruebas que su fidelidad a Dios le exigirá. Al mismo tiempo, en la Palabra de Dios encontrará siempre la dulzura de la verdad de Dios, que consuela el alma y da seguridad en el peregrinar por esta vida

✠ *¿Qué más podemos aprender de este pasaje?*

PARTE 2: ESTUDIO INDIVIDUAL (AP 11-13)

Día 1: El segundo y tercer "¡ay!" (Ap 11)

Aun valiéndose ampliamente de los recursos de la literatura apocalíptica previa, este pasaje es uno de los más difíciles de interpretar. En el libro de Ezequiel, el profeta recibe una caña con la cual debe medir el templo y el altar (cf. Ez 40-42). Lo mismo sucede al inicio del capítulo 11 del Apocalipsis, con la diferencia de que Juan debe contar también a los que prestan culto en el templo. No debe medir el atrio del templo, llamado "de los gentiles".

El templo de Jerusalén fue destruido en el año 70 d.C., poco menos de tres décadas antes de que el Apocalipsis fuese escrito. El templo y el altar mencionados en este pasaje parecen significar a los verdaderos adoradores (los cristianos) provenientes ya sea de los gentiles o de los judíos. Solo aquellos que permanezcan en el culto verdadero serán preservados de los castigos que están por venir.

Se dice que la Ciudad Santa será asolada durante cuarenta y dos meses, lo cual significa tres años y medio, esto es, la mitad de siete, siendo así un número imperfecto. Este simbolizaba por tanto un periodo de tiempo incompleto y transitorio haciendo ver cómo el poder del mal es incompleto y limitado.

Dios envía al profeta Elías al rey Ajab para anunciarle el fin de la sequía y del hambre, en el tercer año (cf. 1 Re 18:1). Aunque el autor de la historia de Elías no dice cuánto duró exactamente la sequía, el evangelista Lucas refiere las palabras de Jesús respecto a este acontecimiento, donde dice explícitamente que dicha carestía duró tres años y medio (cf. Lc 4:25). La duración de la sequía y el hambre significó un tiempo de castigo para el rey Ajab y sus súbditos a causa de su infidelidad a Dios, un tiempo, no obstante, limitado.

A continuación Juan recibe el anuncio de que dos testigos, vistiendo ropas de penitencia, profetizarían durante 1260 días, que es de nuevo el número de días que hay en tres años y medio. Dichos testigos son referidos como dos olivos y dos candelabros que estarán en presencia del Señor. Aquí hay una alusión al profeta Zacarías, quien describe haber visto un candelabro en medio de dos olivos. Un ángel le dice al profeta que estos olivos simbolizaban a dos ungidos del Señor, aparentemente una alusión a Zorobabel y al sacerdote Josué (cf. Zc 4:12-14).

El mensajero del Apocalipsis añade que si alguien se atreve a hacer algo contra los dos testigos del Señor, será destruido por un fuego que saldrá de la boca de estos. Lo anterior parece ser una alusión a lo que se lee en 2 Re 1:10-15 sobre Elías que hace venir fuego del cielo y consume a los mensajeros del rey de Samaria. A continuación, Juan dice que a estos testigos les fue dado un poder semejante al de Elías, una alusión a otro episodio también del Libro de los reyes, donde Elías, por orden del Señor, profetiza el tiempo de sequía y la consecuente carestía (cf. 1 Re 17:43-46). Finalmente, a los dos testigos les fue dado también el poder de convertir las aguas en sangre, alusión a la primera plaga de Egipto (cf. Éx 7:14-24).

Partiendo de las referencias veterotestamentarias, algunos comentaristas identifican a los dos testigos que menciona Juan como Elías y Moisés. El pueblo judío esperaba un retorno de Elías a la tierra antes de la venida del Mesías, mientras otros esperaban a Moisés con un nuevo rol profético. Los dos testigos del Apocalipsis, en todo caso, podrían ser considerados heraldos de la segunda venida de Cristo.

Una vez terminada su misión, una bestia iba a salir del abismo para hacer batalla contra ellos y matarlos. La alusión aquí parece ser al libro de Daniel, cuando el profeta habla de un sueño en el cual vio a cuatro bestias saliendo del abismo (cf. Dn 7:2). Juan ve los cuerpos de los dos testigos abandonados en la calle por tres días y medio, el tiempo permitido para que el mal actúe. Según la visión antigua y bíblica, se veía como un mal que un cuerpo quedase sin sepultura por el hecho de degradar el nombre de la persona fallecida y porque el cadáver sin sepultura contaminaba todo el lugar en donde se encontraba. Los cadáveres de los dos testigos yacen en la calle de una gran ciudad, a la que el autor simbólicamente llama "Sodoma" y "Egipto", imágenes de lugares que evocan el mal.

El mensajero identifica a la ciudad como el lugar donde el Señor fue crucificado. Aunque el texto podría hacer pensar en Jerusalén, muchos comentaristas ven en este pasaje una referencia simbólica a Roma. Un tiempo de alegría e intercambio de regalos sigue a la muerte de los testigos, dado que con su predicación habían reprendido a los habitantes del lugar a causa de su perverso comportamiento. Pero pasados los tres días y medio, el poder del mal desapareció y el Señor envió un aliento de vida sobre los cadáveres de los testigos y estos se pusieron en pie, aterrorizando a quienes los veían. Una voz del cielo los llama y a la vista de sus enemigos son llevados al cielo en una nube. La imagen evoca la asunción de Elías, según el Segundo libro de los reyes 2:11. Una Antigua leyenda judía habla también de la asunción de Moisés.

La ira de Dios de improviso se hizo visible y en el momento en que los testigos fueron llevados al cielo, un fuerte terremoto destruyó la décima parte de las ciudades, dando muerte a 7,000 personas, un numero simbólico para decir una gran cantidad. Los sobrevivientes del terremoto, presos del terror, dieron gloria al Dios del cielo. Con esta secuencia de acontecimientos se concluye el segundo flagelo, pero todavía un tercero está por suceder.

El séptimo ángel entonces suena su trompeta y fuertes voces venidas del cielo proclaman que el reino ahora pertenece al Señor y a su Cristo, que reinará por los siglos de los siglos. El reino de Satanás llega a su fin. Los veinticuatro ancianos que se sentaban en tronos se postraron en adoración a Dios, ofreciéndole una acción de gracias. Las naciones habían intentado rebelarse contra el Señor, pero el día de su ira había llegado, el día del juicio. Es tiempo de recompensar a los profetas y a los santos, y a todos los que temen el nombre del Señor y de castigar a los que destruyen la tierra. Entonces el cielo se abrió y el arca de Dios fue vista en el santuario. Este objeto sagrado se había perdido en la destrucción del primer Templo en 587 a.C., durante la invasión Babilonia. Existían leyendas judaicas que hablaban de un retorno del Arca en los tiempos mesiánicos. Juan menciona también relámpagos, truenos, terremotos y fuertes granizadas como señales de la presencia de Dios.

Lectio Divina

Pasa de 8 a 10 minutos en contemplación silenciosa del siguiente pasaje:

La vida humana es un misterio. Gente mala que causa sufrimiento y hasta la muerte de otros, vive en el lujo y la riqueza, sin temor de Dios o respeto por el prójimo. Los dos testigos de los que habla el Apocalipsis fueron vencidos por la Bestia (el poder del pecado), que venía del abismo, pero a su tiempo fueron glorificados. Este es un mensaje común en las Escrituras. El autor del Salmo 73 habla de haber sentido incluso envidia de los perversos, considerando su prosperidad. Ponderaba cómo parecían no sufrir las estrecheces de las demás personas, portándose con arrogancia y altivez, seguros de sus riquezas, cuestionando hasta el juicio de Dios. Pero con la ayuda del Señor se da cuenta de que el que sigue dicho camino, en realidad, se dirige a su total destrucción. Y renueva con humildad su adhesión al Señor, agradecido por guiarle según sus planes a un destino glorioso. La persona de fe sabe siempre encontrar un sentido en todo lo que vive, segura de que el Señor la guía si sabe ser dócil, reservándole dones estupendos ya en esta vida.

✠ *¿Qué más podemos aprender de este pasaje?*

Día 2: La mujer y el dragón (Ap 12)

En este capítulo, Juan parece haberse servido de antiguas imágenes míticas encontradas en las historias de divinidades romanas, griegas, persas y egipcias; sin embargo, dichas imágenes están empapadas del Antiguo Testamento (cf. por ejemplo, las imágenes del Sal 104).

La primera figura que describe es una mujer que aparece en el cielo, vestida de sol, con la luna bajo sus pies y una corona de doce estrellas sobre su cabeza. La mujer es presentada sin una identidad precisa. Algunos comentaristas vieron en ella un símbolo de Israel, del cual nació el Mesías. En la tradición cristiana, esta vino a ser interpretada como María, madre de Jesús. Algunos comentaristas más ven en ella al nuevo Israel, la Iglesia, que trajo la nueva vida al mundo con la fe en Jesús.

La mención del sol, la luna y las estrellas, evocan el pasaje del Génesis en el cual José vio a dichos astros en actitud de reverencia hacia él (cf. Gn 37:9). Habiendo visto en su sueño a once estrellas solamente (él sería la duodécima), estas simbolizaban con él a las doce tribus de Israel. El sol simboliza su fidelidad a las promesas de Dios (cf. Sal 89:37-38) y la luna, las vicisitudes de los tiempos. La posición de la mujer en el cielo señala su poder y su preocupación por los habitantes de la tierra. La mujer está para dar la luz y gime por los dolores de parto.

Una señal más aparece en el cielo: un gran dragón, de color rojo y que causa terror (tiene siete cabezas con diademas y diez cuernos). El dragón evoca la tradición bíblica de la serpiente mítica cuya cabeza Dios aplastó en el mar (cf. Is 27:1). En palabras del mismo autor, el dragón es la serpiente antigua, llamada Diablo o Satanás, el seductor del mundo entero (cf. 12:9). Este se presenta como una fuerza tremenda, de naturaleza hostil y sanguinaria (roja). Las siete diademas simbolizan el dominio del dragón sobre los reinos del mundo, a través de los cuales ejerce su poder maléfico (simbolizado en los diez cuernos).

El poder del dragón es descrito de manera dramática, diciendo que solamente con su cola barra una tercera parte de las estrellas del cielo. Siguiendo la simbología del libro, se puede ver en dicha expresión una referencia a la caída de los ángeles. El dragón entonces se pone delante de la mujer, listo para devorar al hijo que estaba por nacer. Dichas expresiones recuerdan el relato del nacimiento del dios griego Apolo. Estando su madre, Leto, mujer de Zeus, para dar la luz, un dragón de nombre Pitón quería matarla. Zeus entonces ordena que Leto sea llevada por seguridad a una isla distante y la pone bajo la protección de Poseidón, el dios del mar, el cual se sirve del mar para proteger la isla del alcance del dragón. Un mito persa hablaba también de un dragón de tres cabezas, como símbolo de una gran maldad.

Desde el punto de vista cristiano, el niño que está para nacer es Cristo, destinado a apacentar a todas las naciones con "cetro de hierro" (cf. Sal 2:9). En el momento de su nacimiento, sigue el texto del Apocalipsis, el niño fue arrebatado hasta la presencia de Dios. La mujer, por su parte, huyó a un lugar que Dios le había preparado en el desierto, en donde sería alimentada (cuidada) durante 1,260 días (el tiempo permitido para la acción del mal). La mención del periodo de tiempo enseña que el mal solo tiene poder mientras Dios permite que lo tenga.

Una guerra entonces se entabla en el cielo entre Miguel y el dragón y sus ángeles. El libro de Daniel afirmaba que un guardián del pueblo, Miguel, surgiría en un tiempo de gran aflicción (cf. Dn 12:1). No obstante su intento de luchar contra Miguel y sus ángeles, el dragón y sus seguidores son vencidos y echados del cielo a la tierra. Isaías escribía algo similar al hablar de la poderosa Babilonia que había sido conquistada: "¡Cómo has caído de los cielos, Lucero, hijo de la Aurora! ¡Has sido abatido a tierra, dominador de naciones! Tú que habías dicho en tu corazón: Al cielo voy a subir, por encima de las estrellas de Dios alzaré mi trono..." (cf. Is 14:12-13). Juan parece haberse inspirado en este oráculo de Isaías al hablar de la caída del dragón y sus ángeles.

A continuación Juan escucha una voz fuerte celebrando la llegada de la salvación y el poder, la victoria del reino de Dios y la autoridad de su Ungido. El acusador, aquel que continua y falsamente acusa a los santos delante de Dios, fue derrotado por la fidelidad de aquellos que estaban listos para morir por Cristo. Inspirándose posiblemente en el Salmo 96 (v.11), el autor invita a los cielos a alegrarse. Sin embargo, la tierra y el mar deben temblar, dado que el Diablo, expulsado del cielo, tendrá por cierto tiempo poder sobre la tierra y querrá descargar su rabia sobre el mundo.

Al darse cuenta de su derrota, el dragón se pone a perseguir a la mujer, que es imagen del nuevo Israel de Dios, la Iglesia. Esta, sin embargo, recibe alas como de águila para volar al desierto lejos de la serpiente (cf. Éx 19:4). Allí, la mujer será nutrida durante cierto tiempo, durante el periodo que el mal tendrá poder sobre la tierra. Así como el pueblo de Dios fue conducido al desierto para escapar al poder del Faraón, así el nuevo Israel de Dios será llevado al desierto, es decir, será puesto bajo la protección de Dios, para huir del poder del mal.

Al descubrir que la mujer había huido al desierto, el dragón vomitó un torrente de agua como para arrastrar a la mujer. La tierra, sin embargo, "abriendo su boca", vino en auxilio de la mujer, tragando el río que el Dragón había vomitado. Furioso, el Dragón entonces persiguió a la descendencia de la mujer (es decir, a los otros miembros de la Iglesia) que vivían según los mandamientos de Dios y daban testimonio de Jesús. El Dragón se colocó sobre la arena del mar, listo para llamar a su servicio a la primera bestia.

Lectio Divina

Pasa de 8 a 10 minutos en contemplación silenciosa del siguiente pasaje:

La batalla entre el bien y el mal siempre está presente en la historia humana. Juan representa dicha batalla de manera pintoresca en la lucha de Miguel contra el Dragón. A través de ella, Juan dice a sus lectores que el bien ha triunfado, pero que el mal aún no ha sido completamente aniquilado. Al subrayar la furia del Dragón, Juan quiere enseñar una importante verdad sobre el mal: este se torna más agresivo y violento con cada derrota. Dado que el mal no puede vencer a Dios, este busca descargar su ira en los fieles de Dios. Pero el mal nunca vencerá. Este era un mensaje fundamental que Juan quería que los cristianos perseguidos conocieran, para que tuvieran fuerza y ánimo. El libro de los Macabeos narra la historia de siete hermanos que, animados por su propia madre, prefieren la tortura y la muerte a ser infieles al único Dios. Aunque las torturas se hacían cada vez más crueles, los hermanos y la madre confesaban de manera ejemplar la fe que tenían. Y aunque el rey dio muerte a los siete hermanos y a la madre, en realidad ellos vencieron al rey por su fidelidad al verdadero Rey de Reyes y Señor de Señores.

✠ *¿Qué más podemos aprender de este pasaje?*

Día 3: Las bestias (Ap 13)

Juan vio a otra bestia con siete cabezas y diez cuernos, saliendo del mar. Las cabezas tenían también diademas, pero estas, en vez de estar sobre las cabezas, estaban sobre los cuernos y cada una traía un nombre blasfemo. Los comentaristas piensan que esta segunda bestia, que proviene del abismo del mal (las profundidades del mar eran vistas por la tradición judaica como el lugar donde habitaba el mal), simbolizaba el caos causado a los cristianos por el Imperio Romano. Las siete cabezas en esta ocasión parecen aludir a las siete colinas de Roma, mientras los nombres blasfemos se referirían a los emperadores que exigían ser adorados como dioses. La visión de Juan parece estar inspirada en Daniel 7:1-7, en la cual el profeta ve durante su sueño a cuatro bestias viniendo del mar.

Una de las siete cabezas de la bestia, anteriormente herida de muerte, había sido ahora curada. La referencia parece ser al emperador Nerón, que ya había muerto en el momento en que se escribió el Apocalipsis. Cuando se anunció por primera vez su muerte, muchos dudaron y otros pensaron que volvería a la vida para liderar un ejército contra Roma. Algunos incluso creyeron que Nerón había huido a Oriente, a la tierra de los partos, y que volvería como cabeza del ejército de ese pueblo para dominar al Imperio Romano.

Los cristianos, sin embargo, vieron en Nerón una personificación del mal, el verdadero Anticristo que retornaría como un falso dios para perseguir y matar a los cristianos en el Imperio. Otros vieron a Domiciano, el emperador en ese momento, como a un verdadero "Nerón vuelto a la vida".

La adoración al emperador es mencionada simbólicamente por Juan al escribir que todo el mundo siguió a la Bestia y adoró al Dragón dándole autoridad sobre todas las naciones. Las naciones adoraron a la Bestia con su adoración al emperador de Roma y su creencia de que Roma era demasiado poderosa como para ser vencida.

Juan anuncia que el poder de la Bestia fue limitado a cuarenta y dos meses (de nuevo, tres años y medio), símbolo de la limitación del poder del mal en el mundo. Con su poder y el culto al emperador, Roma se hizo arrogante y blasfema. Y por si fuera poco, no solo practicaba dicho culto, sino que buscaba imponerlo a otros grupos bajo pena de muerte. De esta manera, los cristianos fueron perseguidos y entregados a la muerte por haberse rehusado a adorar al emperador de Roma como a un dios.

Juan anuncia que todas las personas malas del mundo se entregarán al culto de la Bestia, mientras que los nombres de los cristianos fieles estarán escritos en el Libro de la vida, desde el comienzo del mundo. Con dicha expresión, Juan no está afirmando la predestinación de algunas personas, simplemente quiere subrayar el don de la vida eterna que será dado a los cristianos que permanezcan fieles.

A continuación Juan ve una segunda bestia, la cual esta vez surge de la tierra. Tenía dos cuernos como de cordero. Dado que Juan usa con frecuencia la imagen del cordero para hablar de Cristo, la bestia descrita de esta forma representa al anticristo. La Bestia habla como un dragón, es decir, con palabras de maldad. La segunda bestia se vale de la autoridad de la primera. Todo el mundo adora a la primera bestia, es decir, Roma. La segunda bestia parece representar a las autoridades locales dentro del Imperio Romano, las cuales habían recibido su autoridad de Roma; también puede referirse a los sacerdotes paganos que obligaban al pueblo a adorar al emperador.

La segunda bestia realiza muchas señales, entre las que está hacer bajar fuego del cielo (que era signo de poder divino, cf. 1 Re 18:25-39). Compartiendo el poder de la primera bestia, esta hace desviarse a muchos, pidiéndoles que hagan una imagen de la primera bestia. En el Evangelio de Mateo, Jesús había alertado a sus discípulos sobre los falsos profetas que surgirían y que realizarían señales y prodigios, engañando a muchos, incluso de entre los elegidos (cf. Mt 24:24). A la segunda bestia también le fue dado dar aliento de vida a la imagen de la primera, la cual pudo hablar y ordenaba que todo aquel que no la adorase fuera muerto.

La imagen de la primera bestia puede ser una alusión a la imagen de sí mismo que Nerón había hecho imprimir en las monedas romanas. El emperador Domiciano estaba persiguiendo y matando a los cristianos del tiempo de Juan que se negaban a dar culto al emperador. Este hecho llevó a muchos a creer que este emperador era conducido por el espíritu de Nerón (significado de la imagen de la primera bestia que podía hablar y condenar a la muerte). Finalmente la marca de la bestia que Juan menciona, se refiere al parecer a la marca de Domiciano que la gente de todos los extractos sociales llevaba, no tanto como un tatuaje sobre la piel, sino en pequeños estuches rectangulares que la gente llevaba sobre el puño o bien sobre la frente, señal de que aceptaban el culto al emperador. Todos los que se no se adhirieron a dicha práctica, eran o muertos o bien perdían el derecho a comprar y vender.

Juan entonces dice que se necesita sabiduría para comprender este mensaje. Todo aquel que pueda calcular el número de la Bestia, reconocerá a la persona a la que esta representa. Tanto el alfabeto griego como el hebreo, utilizaban los mismos signos de las letras para los números. El número-marca de la Bestia es 666. El número 6 es justo el que antecede al 7 y este número es repetido tres veces. Cuando un numeral se utiliza tres veces, con frecuencia quiere significar algo bien preciso en las Escrituras. El número 666 se refiere por tanto a una persona imperfecta y abominable. Algunos evangélicos fundamentalistas aplican la cifra como si se refiriese a alguien del tiempo actual. La mayoría de los estudiosos piensa que el número se refiere al nombre de Nerón; sin embargo, en el fondo, parece que Juan estaba hablando de Domiciano, el cual con su cruel persecución de los cristianos, era como un Nerón vuelto a la vida.

Lectio Divina

Pasa de 8 a 10 minutos en contemplación silenciosa del siguiente pasaje:

Jesús dijo a sus discípulos que nadie tiene amor más grande que el que da la vida por sus amigos (cf. Jn 15:15). Cristo dio su vida por los cristianos y los cristianos están llamados a seguir el ejemplo del Maestro. En tiempos de persecución, los cristianos mostraron su amor a Cristo entregando su propia vida por Él y por sus hermanos. Dar la propia vida no significa necesariamente morir. En algunos casos, "dar la vida" puede ser el sacrificio de seguir en todo la voluntad de Dios; para vivir el Evangelio, especialmente el precepto del amor a

Dios y al prójimo. Para muchos puede significar aceptar serenamente las injurias, los insultos, el rechazo y el dolor por el nombre de Jesús. La fidelidad a Cristo no será jamás un estado, sino una conquista que exigirá siempre donación de sí mismo, esto es, amor verdadero.

✠ *¿Qué más puedo aprender de esta lección?*

Preguntas de repaso

1. ¿Qué quiere decir Juan cuando nos informa que los que estaban debajo del altar habían lavado sus vestidos en la sangre del Cordero?

2. ¿Cuál era el significado de los acontecimientos ocurridos al toque de las primeras cuatro trompetas?

3. ¿En qué difiere la destrucción de la quinta y sexta trompetas de las primeras cuatro?

El dragón y las bestias

APOCALIPSIS 14-18

"Grandes y maravillosas son tus obras, Señor, Dios Todopoderoso; justos y verdaderos tus caminos, ¡oh Rey de las naciones!" (Ap 15:3)

Oración inicial (Ver p.15)

Contexto

Parte 1: Apocalipsis 14. El Cordero estaba en pie sobre el Monte Sion, junto con los 144,000 que habían sido rescatados de la tierra. Estos cantaban un cántico nuevo que solo ellos podían cantar. Eran vírgenes, es decir, no se habían contaminado con el culto idolátrico. Juan entonces ve a tres ángeles: el primero llama al pueblo al culto de Dios; el segundo anuncia la caída de Babilonia (Roma); el tercero anuncia la ira de Dios sobre aquellos que habían adorado a la Bestia y habían sido marcados con su nombre: estos sufrirán un castigo de fuego y azufre. Juan ve a uno con rostro humano sentado sobre una nube con una corona sobre su cabeza. Un ángel le ordena que coseche la tierra con su hoz, lo cual hace. Otro ángel, con otra hoz afilada, sale del templo celeste y se le ordena que coseche las viñas de la tierra, lo cual hace.

Parte 2: Apocalipsis 15-18. Juan ve a siete ángeles que traen las últimas siete plagas. Ve también un mar de cristal sobre el cual caminaban los que habían derrotado a la Bestia. Cantaban el cántico de Moisés. A estos siete ángeles les fueron dados siete copas llenas con la ira de Dios. Los ángeles derraman su contenido y aparecen las plagas.

PARTE 1: ESTUDIO EN GRUPO (AP 14)

Leer en voz alta Apocalipsis 14.

Visiones de ángeles (Ap 14:1-5)

En la siguiente visión, Juan ve al Cordero de pie sobre el Monte Sion, circundado por 144,000 personas que llevaban su nombre y el de su Padre en la frente. Dichas personas son las que Juan mencionó anteriormente (7:1-8). Después de describir la devastación de los fieles en el capítulo anterior, Juan aseguraba a los que estaban sufriendo persecución que el Cordero sobre el Monte Sion protegería a los que quedaran. Esto parece ser una alusión a la profecía de Miqueas (4:7). Con este texto Juan establecía un contraste entre los que habían sido marcados en su frente con el signo de Dios y los que llevaban la marca de la Bestia.

A continuación Juan escucha un sonido venido desde el cielo, un sonido fuerte como el de un torrente de agua o un trueno. El sonido era como música de harpa y el nuevo canto que escuchó era cantado por los que estaban delante del trono, en presencia de los cuatro seres vivos y los ancianos. El canto lo entonaban solamente los 144,000 que habían sido rescatados del mundo por la sangre del Cordero, es decir, los salvados. La imágenes de este texto están tomadas de la misma Escritura (cf. Ez 43:2; Éx 19:6; Sal 96:1; 150:3).

Como mencionamos anteriormente, la expresión de que eran "vírgenes" y que no se habían contaminado con mujer es simbólica. En la Escritura, sobre todo en los Profetas, el pecado de idolatría es comparado con el adulterio o la prostitución. El texto de Juan afirma que los salvados no se habían contaminado con el culto idolátrico, permaneciendo fieles al Cordero.

Los tres ángeles (Ap 14:6-13)

A continuación Juan "ve" a otros tres ángeles. El primero de ellos volaba por el cielo, anunciando la Buena Nueva de que el tiempo del justo juicio de Dios había llegado, invitándoles a dar gloria a Dios Creador de todas las cosas. La visión de los dos siguientes ángeles explicará lo que sucederá en este tiempo del Juicio.

El segundo ángel al que Juan "vio" anunciaba que Babilonia, la Grande, había caído. Babilonia en el texto presente parece significar no simplemente Roma, sino una personificación de todo el paganismo. El texto de Juan evoca dos profecías del Antiguo Testamento, Isaías 21:9 y Jeremías 51:7. El vino es una imagen para evocar la pasión dominante de Babilonia, esto es, la idolatría.

El tercer ángel, por su parte, se presenta advirtiendo a todos los que adoraron a la Bestia que experimentarían "el vino del furor de Dios". En este texto, la imagen del vino evoca la profecía de Jeremías 25:15. Los adoradores de la Bestia serán atormentados con fuego y azufre, en la presencia de los ángeles y del Cordero, no tendrán reposo y el "humo" de su tormento se levantará por los siglos de los siglos. La expresiones de este texto evocan la profecía de Isaías 34:8-10 y la destrucción de Sodoma y Gomorra en Génesis 19:24.

En este contexto, Juan presenta la segunda bienaventuranza del Apocalipsis: los que mueren en el Señor. Estos tendrán una eterna recompensa, descansarán de sus fatigas, pues sus obras los acompañan.

Mirando de nuevo, Juan ve una nube blanca y, sentado sobre ella, a uno como hijo de hombre (cf. Dn 7:13). Este llevaba una corona de oro (símbolo de la autoridad) y tenía una hoz afilada en su mano (símbolo del juicio que está por verificarse). A este ángel le es dicho que realice la cosecha, pues la mies está lista. Y este lleva a cabo su tarea. La siega que este ángel realiza simboliza la recolección de los elegidos de Dios (cf. Mt 13:24-42).

A continuación un ángel del servicio del altar celeste (cf. 8:3-5) grita a otro ángel con la hoz afilada en la mano que realice la vendimia de la tierra, pues ya está lista. El ángel lleva a cabo su tarea y echa las uvas al lagar de la ira de Dios. La imagen de la cosecha y del pisar de las uvas son imágenes de la Escritura para referirse al día del juicio (cf. Jl 4:13). Juan refiere que el lagar produjo sangre (de las "uvas") hasta la altura de los frenos de los caballos y por una amplia extensión, simbolizando la intensidad del castigo. Por otro lado, los frenos de los caballos parecen ser una referencia anticipatoria a la sangrienta batalla entre el bien y el mal que tendrá lugar en Apocalipsis 19:19-21.

Preguntas de repaso

1. ¿Por qué fueron favorecidos por Dios los 144,000?
2. ¿Cuál era mensaje de los tres ángeles del capítulo 14?
3. ¿Qué sucedió a la tierra cuando los ángeles realizaron la cosecha con su hoz afilada?

Oración final (Ver p.16)

Hacer la oración final ahora o después de la *lectio divina*.

Lectio Divina (Ver p.8)

Relájate y mantén una postura de oración (espalda recta, ojos cerrados, pies apoyados en el suelo). Este ejercicio puede durar cuanto gustes, pero en el contexto de este estudio bíblico, de 10 a 20 minutos deberían ser suficientes.

Las meditaciones que siguen se ofrecen para ayudar a los participantes a usar esta forma de oración, pero hay que considerar que la *Lectio* está pensada para conducirlos a un ambiente de contemplación orante, donde la Palabra de Dios habla al corazón de quien la escucha (ve la página 8 para más instrucciones).

Visiones angélicas (Ap 14:1-5)

En el Evangelio de Juan, Jesús ofrece ánimos a sus discípulos cuando les dice: "No se turbe su corazón. Creen en Dios: crean también en mí" (Jn 14:1). La vida puede hacerse difícil y a veces hasta aterradora. Jesús, sabiendo que muchos de sus discípulos tendrían que afrontar duras persecuciones e incluso la muerte física por su causa, les quiso dejar estas y otras palabras de ánimo para el momento de la prueba. El autor del Apocalipsis, por su parte, queriendo ofrecer también palabras de aliento a los cristianos perseguidos de su tiempo, les dice que son felices los que mueren en el Señor. Y aunque los fieles sufren a causa de su fidelidad a Cristo, pueden alegrarse porque sus buenas obras les acompañarán en el difícil momento de la muerte y una generosa recompensa de gloria les está preparada por parte de Dios.

✠ *¿Qué más podemos aprender de este pasaje?*

Los tres ángeles (Ap 14:6-13)

Por medio de imágenes del Antiguo Testamento, Juan recuerda a sus lectores una importante enseñanza del Antiguo Testamento y del Evangelio: el justo juicio de Dios. Dicha realidad tocará a todos, cuando tengan que presentarse delante de Dios para rendir cuentas de cómo administraron su vida y de cómo usaron sus propios talentos. Para quien vive en la fe, la verdad de la justicia de Dios no genera temor, sino serena confianza. Santa Teresita del Niño Jesús decía que se alegraba de que Dios fuera justo, pues jamás le pediría cuentas de lo que ella en su pequeñez no le podría dar. Para el que cree, la justicia de Dios está toda envuelta en el misterio de su misericordia. Al mismo tiempo, como nos recuerda san Pablo, nadie debe engañarse pensando que puede burlarse de Dios, pues lo que uno siembra eso cosechará (cf. Gál 6:7-8).

PARTE 2: ESTUDIO INDIVIDUAL (AP 15-18)

Día 1: Las siete plagas (Ap 15)

Continuando con su explicación a partir de los ángeles (servidores y mensajeros de Dios), Juan refiere en el capítulo 15 la visión de otra gran e impresionante señal: siete ángeles sosteniendo siete copas llenas con la ira de Dios. Aquellos que habían triunfado, estaban de pie sobre el mar de cristal (símbolo de las fuerzas hostiles) y sobre el fuego (completamente dominado y purificado, gracias a una acción divina y que ahora los fieles pueden pisar, es decir, este ya no tiene ningún dominio sobre ellos). Por su victoria, los santos también viven en un ambiente divino. Estos cantan las alabanzas de Dios con el cántico de Moisés y del Cordero. La referencia al cántico de Moisés (cf. Éx 15:1-18) recuerda la gran liberación de los egipcios que el cántico celebraba, es decir, el paso por el Mar Rojo rumbo a la Tierra Prometida. Al decir que los salvados cantan también el cántico del Cordero, Juan afirma que se trata de un nuevo Éxodo, llevado a cabo por el nuevo Cordero pascual que guía al nuevo pueblo de Dios a la verdadera Tierra Prometida, es decir, el cielo. Las aguas en sangre, alusión a la primera plaga de Egipto (cf. Éx 7:14-24).

Los siete ángeles con las copas de oro traían vestidos semejantes a la de los sacerdotes que servían en el Templo. Las copas les fueron entregadas por uno de los cuatro seres vivos que están alrededor del trono de Dios. El acontecimiento es celebrado con la mención de un denso humo que representa la gloria y el poder de Dios. A nadie le será permitido entrar en el templo celeste hasta que las siete plagas hayan tenido lugar, una manera de decir que dichos castigos sucederán efectivamente.

Lectio Divina

Pasa de 8 a 10 minutos en contemplación silenciosa del siguiente pasaje:

En esta sección Juan ofrece con sus palabras más ánimos a sus hermanos perseguidos a causa de su fe. Les recuerda que el Señor tiene pleno dominio sobre el mal y sobre la situación difícil por la que están atravesando. Su justicia puede tardar, pero no fallará. Lo importante para ellos es mantener los ojos fijos en Jesús, seguir creyendo y confiando en el cumplimiento de sus promesas. Se puede recordar en este sentido el episodio en el que Pedro caminó sobre las aguas agitadas del mar de Galilea en medio de una fuerte tormenta. Mientras tenía los ojos fijos en Jesús, caminó sobre el mar; pero incluso cuando su fe vaciló, encontró la mano de Jesús tendida hacia él que lo sostuvo (cf. Mt 14:25-32).

✠ *¿Qué más podemos aprender de este pasaje?*

Día 2: Las siete copas de oro (Ap 16)

Juan entonces escuchó una fuerte voz venida del Templo, diciendo a los siete ángeles que derramasen sobre la tierra las siete copas de la ira de Dios. La visión de las plagas sigue un esquema literario semejante a la de las plagas de Egipto en el libro del Éxodo y las de las siete trompetas a las que Juan se refirió anteriormente (Ap 8-9).

Cuando la primera copa de la ira de Dios fue derramada, esta produjo úlceras en aquellos que llevaban la marca de la Bestia o que adoraban su imagen. Dicha plaga recuerda la sexta plaga de Egipto (cf. Éx 9:10).

El segundo ángel entonces derramó su copa sobre la tierra y el resultado fue semejante al de la segunda trompeta (8:8-9) y la primera plaga de Egipto (cf. Éx 7:14-25): el mar se trasformó en sangre, dando muerte a todos los seres que contenía.

Al derramar la tercera copa se produjo un efecto semejante a la segunda, pero en el río y las fuentes (cf. Ap 8:10-11). Entonces se oyó a un ángel que alabó al Dios justo, pues ahora daba de beber sangre a todos aquellos que habían derramado la sangre de los santos y profetas. Con dicha expresión Juan afirma que los culpables han recibido un castigo proporcionado a sus crímenes.

A continuación la cuarta copa es derramada sobre el sol, con lo que este se hizo más intenso y quemó a los hombres con un calor abrasador. A pesar de haber sufrido dicha pena, la gente no se convirtió. Por el contrario, maldijeron y blasfemaron contra el nombre de Dios.

La quinta copa fue derramada sobre el trono de la Bestia y tuvo un resultado semejante al de la quinta trompeta (9:1-12) y la novena plaga de Egipto (cf. Éx 10:21-23). Su reino quedó en tinieblas y los hombres se mordieron la lengua por sus dolores y llagas, pero siguieron blasfemando contra el nombre de Dios y no se arrepintieron de sus obras.

Cuando el ángel derramó la sexta copa sobre el río Éufrates, sus aguas se secaron, abriendo camino para los reyes de Oriente. El resultado del derramamiento de la sexta copa se asemeja al del toque de la sexta trompeta (9:13-21) y en cierto sentido evoca el milagro del Mar Rojo (cf. Éx 14:10-22). Juan a continuación ve a tres espíritus inmundos en forma de ranas (cf. Éx 8:1-15), que salen de la boca del dragón, de la Bestia y del falso profeta. En todo el Oriente antiguo, la rana era vista como un animal repugnante, molesto y símbolo de la impureza.

Estos espíritus, que Juan dice ser demonios, podían realizar grandes señales. Ellos reúnen a todos los reinos del mundo en preparación para la gran batalla del día del Juicio, el día del Dios todopoderoso. En el tiempo en que fue escrito el Apocalipsis, con la expresión "reyes de oriente" se aludía sobre todo a los partos. No es del todo clara la simbología de la sexta copa. La referencia a los reyes de oriente parece pregonar los males de Roma sufridos por reyes de fuera (especialmente los partos, que habían impuesto al gran Imperio su límite oriental y hacían constantes incursiones hasta la Palestina). La tríade mencionada aquí por el autor (dragón, falso profeta y ranas) era un símbolo funcional de la actividad vil y sórdida de

Satanás y de sus fuerzas que en el mundo perseguían a la Iglesia de Cristo.

La narración es entonces interrumpida con una referencia a la segunda venida del Señor, el cual llegará como un ladrón y con una invitación a la vigilancia (cf. Mt 24:42-44; 2 Pe 3:10). En este contexto, Juan enuncia la tercera bienaventuranza del Apocalipsis: felices los que vigilan para conservar sus vestidos limpios. Los vestidos limpios son un símbolo de la perseverancia en la fidelidad a Dios. Y concluye la narración de la sexta plaga diciendo que los convocados por la tríada inicua se reunieron en un lugar llamado "Harmaguedón", que significa en hebreo, "montaña de Meguido", nombre de una antigua localidad en el norte del Israel. La antigua ciudad se erguía sobre una colina y está circundada por un gran valle.

Finalmente el séptimo ángel derrama el contenido de su copa, esta vez al aire, y una fuerte voz venida del trono anuncia que todo se había cumplido. A continuación hay truenos, relámpagos, fragor de agua y un violento terremoto que asola la tierra, dividiendo la gran ciudad (Roma) en tres partes. Lo mismo sucede también con otras ciudades. Se produjo una fuerte granizada con enormes piedras. Al decir que, ante esta terrible escena, las islas huyeron y los montes desaparecieron, como aterrorizados por esta calamidad se le añade un fuerte dramatismo a la descripción. Lo increíble es que, no obstante dichas calamidades, los hombres no se corrigen y siguen blasfemando contra Dios.

Lectio Divina

Pasa de 8 a 10 minutos en contemplación silenciosa del siguiente pasaje:

Con su lenguaje tan descriptivo, Juan vuelve a hablar sobre un drama humano presente también en nuestros días. Hay personas que se alejan abiertamente del camino del Evangelio y su corazón se endurece de tal modo, que ni siquiera las peores calamidades que puedan sufrir logran abrirlas a la salvación. Una misma situación de sufrimiento, como por ejemplo, una enfermedad grave, a algunos los abre a la gracia y a la conversión, y a otros, como en las escenas del Apocalipsis, los lleva a obstinarse más y a seguir "blasfemando contra Dios", y blasfeman con sus vidas y muchas veces también con sus palabras. Juan nos invita por ello a estar siempre vigilantes y a conservar "limpios nuestros vestidos", es decir, a buscar cada día la fidelidad a Jesús y al Evangelio de la vida.

✠ *¿Qué más podemos aprender de este pasaje?*

Día 3: El significado de la bestia y de la prostituta (Ap 17)

A continuación uno de los ángeles de los que traían las copas lleva a Juan a ver el juicio de la "gran prostituta", la que se sienta sobre "muchas aguas". Y Juan dice haber visto una mujer sentada sobre una bestia roja, con siete cabezas y diez cuernos, cubierta de títulos blasfemos. La mujer estaba vestida de púrpura y cubierta de joyas. Llevaba en su mano una copa llena con abominaciones y con las impurezas de su prostitución. En su frente un nombre misterioso: "Babilonia, la grande, madre de las prostitutas y de las abominaciones de la tierra". Con ella habían fornicado los reyes de la tierra y los habitantes de la misma se habían embriagado con el vino de su prostitución. La prostituta se embriagaba con la sangre de los santos y mártires de Jesús.

La célebre prostituta parece ser un símbolo del Imperio Romano. Las "muchas aguas" como explica el mismo ángel en el v.15, simbolizan los pueblos y naciones que componían el Imperio, la mayoría de los cuales se habían adherido a la religión y costumbres de Roma. La Bestia sobre la cual se asienta la Prostituta indica la capital del Imperio, Roma, que se asienta sobre siete colinas (las siete cabezas). Los diez cuernos simbolizan a los reyes (y reinos) que se unieron a Roma. Los nombres blasfemos parecen simbolizar la hondura del mal, del culto al emperador.

Las imágenes de la prostituta y de la prostitución evocan al conocido modo de la Escritura de referirse al pecado de idolatría y a la manera de vivir de otras naciones (cf. Ez 16:35-38). La imagen de la copa que la Prostituta ofrece y con la que seduce a tantos (cf. Jr 51:7) es por tanto imagen del culto idolátrico, especialmente al emperador y de las costumbres depravadas que este promueve. La expresión "beber la sangre" de los santos y mártires de Jesús es un modo muy gráfico de referirse a la persecución, las torturas y muerte que se infligían a los cristianos a lo largo y ancho del Imperio.

A la sorpresa de Juan, el ángel le dice que la Bestia que existía, ya no existe más. Esta, sin embargo, vendrá de nuevo desde el abismo y entonces tendrá lugar su destrucción final. Sirviéndose nuevamente de simbolismos, Juan parece aludir a Nerón y a las impiedades de sus sucesores. Algunos comentaristas interpretan la explicación que da el ángel sobre los siete cuernos como simbolizando también a siete reyes, esto es, los emperadores que antecedieron y siguieron a Nerón. Así, los cinco que ya habían muerto sería una referencia a Augusto, Tiberio, Calígula, Claudio y Nerón; el que vive "ahora", sería una referencia a Vespasiano y el que seguiría por poco tiempo, Tito. La mención del que existía antes y que se tornó el octavo, haría referencia a Domiciano, que como hemos anotado anteriormente fue visto como un Nerón que había vuelto a la vida y bajo el cual los cristianos del tiempo de Juan padecían sus tormentos. La explicación de los diez cuernos, como haciendo referencia a otros diez reyes que aún no habían sido coronados, no es clara en su simbolismo. Algunos comentaristas piensan que la referencia aquí sería a los sátrapas partos (gobernadores de regiones del Imperio Parto). La expresión de Juan de "recibir poder de la Bestia por una hora", sería una evocación de la leyenda sobre Nerón reuniendo fuerzas de entre los Partos para derrocar a Roma. Estos harán guerra contra el Cordero, que saldrá vencedor, recibiendo el título de "rey de reyes y Señor de señores", significando con ello la victoria de Cristo y de los fieles sobre las fuerzas del mal.

Lectio Divina

Pasa de 8 a 10 minutos en contemplación silenciosa del siguiente pasaje:

El exilio de Babilonia fue toda una catástrofe para el pueblo de Dios. La opulencia y ostentación de Babilonia, "la grande", con sus construcciones monumentales, jardines colgantes, numeroso ejército y tantas divinidades, aparecía a los ojos de los exiliados como una fuerza inexpugnable. Sin embargo, también este imperio cayó y a su tiempo el pueblo elegido pudo volver a la Tierra Prometida.

Juan utiliza el nombre de Babilonia con un valor simbólico para referirse a Roma la cual perseguía a los cristianos. Hace un paralelismo con Isaías que en el tiempo del exilio (cf. Is 40:30) animaba a los judíos a soportar la opresión babilónica. Los cristianos, por su parte, deben soportar la opresión de Roma y confiar en Dios. Aunque Roma y sus emperadores se hayan vuelto muy poderosos, el Dios de Israel sigue siendo más fuerte. Llegaría un momento en que el Imperio Romano también caería. La Iglesia de Jesucristo, no obstante todas sus vicisitudes históricas, sigue en pie, cobijando y nutriendo con el Evangelio, los sacramentos y la caridad a todos lo tienen al Cordero inmolado como guía para su propia vida

✠ *¿Qué más puedo aprender de este pasaje?*

Día 4: La caída de Babilonia (Ap 18)

Al considerar el relato del capítulo 18, que habla de la caída de "Babilonia, la grande", el lector debe estar atento, como en otros pasajes, para no tomar lo que se dice de modo literal, como si Roma fuera a ser totalmente destruida. La narración de Juan tiene un importante mensaje simbólico sobre la desintegración moral del Imperio Romano.

La visión de Juan sigue teniendo como protagonista a un ser angélico. En esta ocasión, uno que ocupaba un lugar preeminente ante Dios, con voz fuerte anuncia la caída de la gran Babilonia. Para hacer ese anuncio toma sus palabras del profeta Isaías (cf. Is 21:9). El ángel anuncia que Babilonia quedó desolada, convertida en morada de demonios y de todo espíritu inmundo; en ella vive todo tipo de aves inmundas y detestables, como si hubiesen quedado atrapadas ahí. (cf. Is 34:10-11). En la antigüedad, cuando una ciudad era conquistada, con frecuencia era destruida totalmente, convirtiéndose en un lugar totalmente desolado y abandonado, que solo podía servir para que los animales salvajes se refugiaran en ella (cf. Jr 50:39). Dichos lugares eran vistos con frecuencia como la residencia preferida de los demonios.

El ángel declara que las naciones, reconociendo el poder y la riqueza de Roma, se habían embriagado con ella; los reyes habían fornicado con ella (adorando a sus dioses y asumiendo su modo de vivir), los comerciantes se habían enriquecido de forma desenfrenada. A continuación Juan escucha otra voz del cielo, que urgía al pueblo de Dios a abandonar la ciudad condenada (cf. Jr 50:4). Aquellos que compartiesen sus pecados, compartirían también sus castigos. La llamada era a abandonar cualquier tipo de comportamiento que pudiera tener relación con el paganismo.

El ángel declara que los pecados de la ciudad habían llegado al cielo (cf. Jr 51:9). Dios iba a infligir a la ciudad el doble de las aflicciones que esta había causado a otros. Del mismo modo que Isaías, Juan hace a la ciudad hablar de sí misma como una reina que nunca experimentará la viudez o el llanto, y anuncia que en un solo día sufrirá todos sus males (cf. Is 47:7-9; Ap 18:8).

Todos aquellos que habían tenido alguna relación con la ciudad inicua, iban a lamentarse hondamente por ella, al contemplar su tremenda destrucción. Las expresiones del ángel recuerdan a las del profeta Ezequiel (cf. Ez 26:16; 27:9-25.28-36). En medio de todas estas terribles predicciones, un ángel desde el cielo invita a los santos, a los apóstoles y a los profetas a alegrarse porque Dios está trayendo el debido castigo a la ciudad. En Ap 6:9-10, los mártires que se encuentran debajo del altar se preguntaban cuánto tardará aún el justo juicio de Dios por todo lo que habían sufrido. La destrucción que se narra en este capítulo responde a esa pregunta.

A continuación un poderoso ángel tomó una gran piedra de molino y la aventó a las profundidades del océano, significando que la destrucción de Babilonia sería tal que jamás lograría recuperarse (cf. Jr 51:63-64). Jamás se oiría en ella el sonido de la música, de los artesanos y de los molineros (cf. Jr 25:10).

Lectio divina

Pasa de 8 a 10 minutos en contemplación silenciosa del siguiente pasaje:

Jesús dijo a sus seguidores que nadie podía servir a dos señores, pues odiaría a uno y amaría al otro. También les recuerda que no se puede servir a Dios y al dinero (cf. Mt 6:24-25). Un problema que había con muchos mercaderes que comerciaban con los romanos, era que terminaban por asumir su manera de vivir, su culto religioso y su inclinación por los placeres. Si no cedían en esos campos, podían ver sus ganancias mermadas. Esa tentación es siempre actual y se manifiesta de diversas formas en nuestras sociedades. La fidelidad a los propios principios y a la propia conciencia no es materia negociable, pues detrás de ellos está en juego nuestra fidelidad a Dios, nuestra amistad con Cristo y, por tanto, nuestro verdadero bienestar temporal y nuestra salvación eterna.

✠ *¿Qué más puedo aprender de este pasaje?*

Preguntas de repaso

1. ¿Qué quería decir Juan con la expresión de que "Babilonia" se haría una cueva de aves impuras?
2. ¿Animaba Juan al pueblo a que abandonase Roma?
3. Cuando Juan habla de la caída de Babilonia, la Grande, ¿qué mensaje quiere dar?

La nueva creación

APOCALIPSIS 19-22

"Y oí una fuerte voz que decía desde el trono: Esta es la morada de Dios con los hombres" (21:3).

Oración inicial (Ver p.15)

Contexto

Parte 1: Apocalipsis 19. El capítulo se abre con una alabanza a Dios por la destrucción de la gran Babilonia. Trata del banquete de bodas del Cordero, que es una imagen mesiánica en la que los cristianos que perseveren estarán con Cristo. Hay también un canto celebrativo de la victoria de Cristo sobre la Bestia y sus seguidores. Los cielos se abren y un caballo blanco aparece cabalgado por una misteriosa figura, seguido por un ejército celeste también sobre caballos blancos. La Bestia y su profeta son lanzados vivos al lago de fuego y los demás mueren por la espada del caballero.

Parte 2: Apocalipsis 20-22. Un ángel viene del cielo y amarra a la Bestia conocida como Demonio y la arroja al abismo por mil años. Después de este periodo, será liberada por otro breve lapso de tiempo. Los que fueron decapitados por dar testimonio de Jesús y de la Palabra de Dios, resucitan y reinan con Cristo durante mil años. Al ser liberado, Satanás reúne otro ejército y hace la guerra de nuevo a los santos. Un fuego venido del cielo consume al ejército satánico y el Demonio es lanzado al lago del fuego junto con la Bestia y el falso profeta. Juan entonces ve un nuevo cielo y una nueva tierra, y a la nueva Jerusalén viniendo del cielo. En el epílogo, Cristo afirma que volverá y una última admonición es dada como conclusión del libro.

Estudio en grupo (Apocalipsis 19)

Leer en voz alta Apocalipsis 19.

Un canto de victoria (Ap 19:1-10)

Un fuerte y solemne canto de alabanza a Dios, un "aleluya", es oído por Juan. El canto lo entona la multitud del cielo y agradece a Dios por su fidelidad y por haber hecho justicia a la sangre de sus siervos. Se escucha un segundo aleluya, el cual celebra la destrucción de la Gran Babilonia, en términos que recuerdan la proclamación de Isaías por la destrucción de Edom (cf. Is 34:10). Los veinticuatro ancianos y los cuatro seres vivos se postran rindiendo homenaje al que se sienta sobre el trono. Pequeños y grandes son invitados a unirse en la alabanza al Señor, al Rey, al Todopoderoso, que ha establecido su reino. La celebración de las bodas del Cordero indica que el reinado de Dios ha llegado. La esposa, que simboliza a la Iglesia, comunidad de los fieles de Cristo, es presentada como vestida de lino blanco. El lino blanco representa las buenas obras de los santos. El matrimonio en la Escritura es símbolo de la alianza de Dios con su pueblo (cf. Is 62:5).

En este contexto festivo Juan enuncia la cuarta bienaventuranza del Apocalipsis: felices los invitados al banquete nupcial del Cordero, símbolo de la realización de las promesas mesiánicas. La escena en la que Juan intenta adorar al ángel y este no se lo permite nos muestra que ellos también son creaturas como los humanos. Al parecer, en aquel entonces, en algunas comunidades existía la tendencia a adorar también a los ángeles.

El Rey de reyes (Ap 19:11-21)

Juan ve el cielo abrirse nuevamente (cf. 4:1). Un caballo blanco aparece montado por un caballero que trae el nombre de "Fiel y veraz". En la carta a la Iglesia de Laodicea, habla de Cristo en estos mismos términos (cf. 3:14). En las cartas de las siete Iglesias (1:9 – 3:22) Cristo era presentado como aquel que juzga a las Iglesias. En este pasaje, el caballero viene presentado como uno que actúa con justicia y que hace guerra a los enemigos de Dios. El caballero es descrito con ojos como llamas de fuego, que ven todo. En la sección inicial del Apocalipsis (1:14; 2:18), Cristo es presentado con la misma característica. Las diademas en la cabeza del caballero son símbolo de su poder y autoridad sobre la Bestia.

En la visión de Juan el caballero tiene un nombre conocido solo por él mismo. En la mentalidad semítica, el conocimiento del verdadero nombre de alguien indicaba un conocimiento completo de la persona y un control sobre ella. El caballero usaba un manto que estaba manchado con la sangre de sus enemigos. La referencia aquí parece ser a la profecía de Isaías 63:3. Después de decir que nadie conocía el nombre del caballero, Juan afirma que él es llamado "la Palabra de Dios" (19:13). La expresión evoca la identificación del Hijo de Dios del Evangelio de Juan en 1:1 o bien podría referirse a la misión de Cristo de difundir la Palabra de Dios. Al caballero le sigue un ejército celeste, cabalgando también caballos blancos y vestidos con lino fino. Ambas referencias parecen querer decir que los miembros de este ejército son santos.

Una espada afilada para herir a las naciones, es decir, para juzgarlas, salía de la boca del caballero. Una vez más la imagen evoca el inicio del Apocalipsis, que hacía referencia a Cristo (1:16). El caballero apacentará con cetro de hierro y pisará el lagar de la ira de Dios. Como se dijo anteriormente, dicha imagen evoca la profecía de Isaías en relación con Dios (Is 63:3-6). Esta había ya sido utilizada anteriormente en Apocalipsis 14:19-20. Así como la Bestia traía nombres blasfemos escritos sobre sí, el caballero, por su parte, trae escrito en su manto y en su muslo, un título que lo identifica: "Rey de reyes y Señor de señores".

En esta primera escena de la gran batalla escatológica, Cristo es presentado como el que domina las fuerzas hostiles a Dios (vv.11-16). En orden inverso a su aparición en escena, dichas fuerzas hostiles van siendo eliminadas: primero los reyes de la tierra con sus seguidores (vv.17-18); después la Bestia y el falso profeta (vv. 20-21) y solo en el siguiente capítulo, el dragón será definitivamente derrotado.

La imagen que sigue, un tanto burda, es un ángel sentado sobre el sol, que llama a las aves del cielo a venir al gran banquete que les había sido preparado por Dios. Deberían comer la carne de los reyes, tribunos, guerreros, caballos, jinetes y de toda clase de gente, libres y esclavos, pequeños y grandes. La imagen se refiere al resultado de una batalla en la cual los cuerpos yacen muertos en los campos. Las imágenes de este texto parecen tener su inspiración en Ezequiel 39:4.17-20. En vez de describir la batalla, Juan nos presenta su resultado con la expresión anterior y con la que sigue. El caballero y su ejército luchan contra la Bestia y el ejército de esta. La Bestia y los que tenían su marca y que adoraban su imagen, fueron capturados y arrojados vivos en el lago de azufre y fuego. Los demás fueron derrotados con la espada que salía de la boca del caballero.

Preguntas de repaso

1. ¿Cuál es el motivo de la alabanza a Dios de la gran multitud del cielo?
2. ¿Cuál es el significado de la imagen de la fiesta de las bodas del Cordero?
3. ¿Qué mensaje quiere trasmitir Juan con su descripción del caballero que cabalga el caballo blanco?
4. ¿Qué simboliza la llamada del ángel a las aves del cielo para venir a la "fiesta de Dios?

Oración final (Ver p.16)

Hacer la oración final ahora o después de la *lectio divina*.

Lectio Divina (Ver p.8)

Relájate y mantén una postura de oración (espalda recta, ojos cerrados, pies apoyados en el suelo). Este ejercicio puede durar cuanto gustes, pero en el contexto de este estudio bíblico, de 10 a 20 minutos deberían ser suficientes.

Las meditaciones que siguen se ofrecen para ayudar a los participantes a usar esta forma de oración, pero hay que considerar que la *Lectio* está pensada para conducirlos a un ambiente de contemplación orante, donde la Palabra de Dios habla al corazón de quien la escucha (ve la página 8 para más instrucciones).

Un cántico de victoria (Ap 19:1-10)

Aquellos que ofrecen alabanza a Dios son escogidos para compartir la fiesta de bodas del Cordero, es decir, compartir la alegría de la gloria de Dios. Cuando hacemos una buena obra por amor a Dios, podemos valorar el que nos la reconozcan. Pero el verdadero reconocimiento que podemos y debemos esperar es el de Dios, que nos concederá participar en la alegría eterna de su gloria. El autor del Apocalipsis nos dice la misma idea con otros términos: aquellos que perseveran en la fidelidad a Cristo, "tiene sus nombres escritos en el libro de la vida". Esto es un modo de afirmar la salvación que alcanzarán. Nuestras buenas obras, por más pequeñas y discretas que sean, son siempre notadas por el buen Dios. Y por cada una de ellas, dará una recompensa, según la palabra de Jesús (cf. Mt 10:42).

✠ *¿Qué más podemos aprender de este pasaje?*

El Rey de reyes (Ap 19:11-21)

Dios creó un mundo en el cual las personas experimentan mayores o menores alegrías y dificultades. Se puede decir que en nuestra vida terrena experimentamos pequeñas muertes y también pequeñas resurrecciones, hasta que llegue el momento de la llamada final y nuestra resurrección definitiva. Los cristianos perseguidos del tiempo de Juan recibieron su mensaje, el cual les trajo nuevos ánimos y esperanza, a pesar de que todavía tenían que sufrir por cierto tiempo. La Palabra de Dios era la espada que empuñaban y esa espada pacífica les daba el valor y coraje para seguir afrontando las dificultades de su época, sin dormirse en su fe. Como escribía el apóstol Pablo a los cristianos de la Galacia: "No nos cansemos de obrar el bien; que a su debido tiempo nos vendrá la cosecha si no desfallecemos. Por tanto, mientras tengamos oportunidad, hagamos el bien a todos, pero especialmente a nuestros hermanos en la fe" (Gál 6:9-10).

✠ *¿Qué más podemos aprender de este pasaje?*

PARTE 2: ESTUDIO INDIVIDUAL (AP 20-22)

Día 1: El reinado de mil años (Ap 20)

En su siguiente visión, Juan ve a otro ángel que baja del cielo con las llaves del abismo y cadenas en su mano. El pasaje recuerda el episodio de la quinta trompeta (9:1-11). Habiendo perseguido al dragón, identificado como la serpiente antigua, el Diablo o Satanás, lo amarra y lo arroja dentro del abismo, cerrando y sellando la puerta. Estará detenido allí durante mil años (expresión para decir un tiempo indefinido), durante el cual no podrá seducir a las naciones. Al final de aquel periodo, el Dragón será de nuevo liberado por un corto periodo de tiempo. Luego vio unos tronos y los que habían muerto por su testimonio de Jesús volvieron a la vida y reinaron con Cristo durante los mil años. Los demás muertos no revivieron hasta que se cumplió el periodo de los "mil años". En este contexto, Juan enuncia la quinta bienaventuranza del Apocalipsis: bienaventurados los que participan de la primera resurrección, pues la segunda muerte no tendrá poder sobre ellos. El sentido exacto de este texto de Apocalipsis 20 permanece oscuro desde el tiempo de los Padres de la Iglesia hasta nuestros días. Lo que sí es cierto es que una interpretación literal de las referencias cronológicas se ha revelado errónea.

La siguiente escena breve describe la batalla final contra Satanás y sus seguidores. Simbólicamente, Juan la describe de esta forma. Al final de los mil años, el Dragón será liberado por un breve periodo, durante el cual buscará pervertir a otras naciones. Reúne a otro ejército, el cual intentará hacer la guerra al pueblo de Dios. Dicho ejército está representado en la referencia simbólica a Og y Magog, enemigos históricos del Pueblo de Dios a su salida de Egipto (cf. Nm 21). La expresión parece ser también una referencia a otro texto del profeta Ezequiel (cf. Ez 38-39). Satanás con sus tropas invade la tierra, asedia a los santos y a la ciudad de Jerusalén; pero inútilmente, pues un fuego baja del cielo y los aniquila. Y el Diablo es arrojado dentro del lago de fuego y azufre, en donde ya se encontraban la Bestia y el falso profeta. Estos serán atormentados allí, día y noche, por los siglos de los siglos.

A continuación Juan ve un gran trono blanco y a uno sentado en él, imagen de Dios juez y de su autoridad sobre todas las cosas y sobre todas las personas. Y el fin del mundo es entonces descrito con la imagen de la retirada del cielo y de la tierra, y la resurrección final de los muertos. Todos los que habían muerto fueron "devueltos" por el reino de la muerte y fueron juzgados según lo que de ellos estaba "escrito en los libros que fueron abiertos", esto es, había un registro de las obras que había realizado. El libro de la vida también es abierto y todos aquellos que no tuvieron su nombre escrito en él, fueron lanzados en el lago de fuego y azufre, que fue para ellos como una segunda muerte.

Lectio Divina

Pasa de 8 a 10 minutos en contemplación silenciosa del siguiente pasaje:

Con su lenguaje simbólico el Apocalipsis nos recuerda la batalla real que se traba en el mundo entre el bien y el mal, y que empieza en el corazón del hombre (cf. Mc 7:20-23). Nos recuerda la seriedad de la vida del hombre sobre la tierra y el carácter transitorio de todo lo que experimenta en ella. En esta vida se fragua la eternidad. Por un misterioso designio de Dios, el Demonio, aun después de la victoria definitiva de Jesús, sigue teniendo cierto poder en el mundo, hasta el cumplimiento definitivo del plan salvífico de Dios, en el tiempo solo por él conocido. El mal en el mundo, por sus mismas características de orgullo y prepotencia, hace mucho ruido y llama sobre sí la atención, incluso puede parecer por momentos como la mejor parte. Pero una mirada más atenta descubrirá que existe mucho más bien a nuestro alrededor y que, como dijo Jesús a Pedro, las puertas del infierno nunca prevalecerán contra su Iglesia. La invitación aquí es a cultivar una constante visión sobrenatural, que nos permitirá ver lo invisible (cf. Heb 11:27), es decir, que la historia de los hombres está en manos de Dios y que todo está bajo su control.

✠ *¿Qué más podemos aprender de este pasaje?*

Día 2: El nuevo cielo y la nueva tierra (Ap 21:1-8)

Juan entonces vio un cielo nuevo y una tierra nueva. La alusión aquí parece ser a la profecía de Isaías 65:17. Con la expresión de un cielo nuevo y una tierra nueva, Juan afirma una nueva creación de Dios, obra definitiva de la redención, en la cual "el mar ya no existe" (símbolo de las fuerzas del mal). Con la imagen de la nueva Jerusalén, la ciudad santa, que era el lugar donde estaba el Templo, viniendo del cielo, Juan quiere afirmar la profunda unión de los salvados con su Dios. Esa unión se realizará en el más allá. La Ciudad Santa es presentada como una esposa ataviada para su esposo (el Cordero).

Con expresiones tomadas de la profecía de Ezequiel (37:27), Juan escucha una voz proclamando que aquella sería la morada de Dios con su pueblo. Ellos serán su pueblo y él será su Dios, expresión que evoca la plena realización de las promesas de Dios, dadas al Pueblo Escogido por boca de los profetas. Todo elemento de carácter negativo para el hombre ya no existe más. Dios es su consuelo completo, perfecto e inmutable. Aquel que se sienta en el trono proclama que ha hecho nuevas todas las cosas (cf. Is 43:18-19). El Señor dice a Juan que escriba que todas estas palabras son ciertas y verdaderas. Proclama que todo se ha cumplido, significando que el reinado definitivo de Dios había empezado. Al afirmar que es el principio y el fin (cf. 1:8), afirma la eternidad de Dios. El Señor saciará plenamente todos los anhelos del corazón del creyente por los siglos de los siglos. En el contexto de estas gozosas proclamaciones, Juan recuerda a una serie de personas que, sin embargo, no podrán entrar a la morada definitiva de Dios con sus hijos.

Lectio Divina

Pasa de 8 a 10 minutos en contemplación silenciosa del siguiente pasaje:

En el libro de Isaías se lee la invitación: "Oh, todos los sedientos, ¡vengan por agua!" (55:1). Es el Señor quien habla. El salmista escribía: "Mi alma tiene sed del Dios vivo" (Sal 42:3). Y en el evangelio de Juan encontramos una invitación semejante de parte de Jesús: "Si alguno tiene sed, que venga a mí, y beberá" (Jn 7:37). Evocando dicha tradición de la Escritura, Juan anuncia que el Dios-manantial de toda bien y de toda plenitud dará de beber gratuitamente al que tenga sed. Entonces, la vida verdadera que el Buen Pastor había venido a traer (cf. Jn 10:10) se manifestará en toda su realidad en el salvado. Y la magnífica condición de hijo de Dios que el cristiano adquirió con su fidelidad, se hará realidad de una manera sublime, definitiva y perenne: "Esta será la herencia del vencedor: yo seré Dios para él, y él será hijo para mí" (Ap 21:7).

✠ *¿Qué más podemos aprender de este pasaje?*

Día 3: La nueva Jerusalén (Ap 21:9-27)

En el capítulo 17, uno de los siete ángeles con las copas muestra a Juan el juicio reservado para la mujer que se sentaba sobre la bestia roja, identificada como "La gran Babilonia, la madre de las prostitutas y de las abominaciones de la tierra" (v.5). En el capítulo 21, otro de los siete ángeles de las copas lleva a Juan a ver a la "Mujer" que es la esposa del Cordero (v.9). Pablo había hablado de la Iglesia como esposa de Cristo (cf. 2 Cor 11:2; Ef 5:25-32). En el Apocalipsis, la Esposa es descrita en contraposición a la Prostituta.

Gran parte de las imágenes utilizadas por Juan en la descripción de la Jerusalén celeste, están tomadas del libro de Ezequiel (Ez 40:1-3) y también del libro de Isaías (cf. Is 19:1-3; 54:11-14; 60:11.19). Medición, dimensión y formas, todo tiene un valor simbólico, que va más allá de toda imaginación (por ejemplo, la ciudad tiene la forma de una cuadrado cuyos lados medirían 550 km., mientras el grosor de sus murallas sería de 62 metros...). La ciudad, que es completamente invadida por el esplendor de la gloria de Dios, es presentada como una fortaleza compacta (símbolo de la seguridad y estabilidad que da Dios), tiene doce puertas con los nombres de las doce tribus de Israel y sus fundamentos tenían los nombres de los doce apóstoles del Cordero (de ahí el número 144 que aparece en su descripción, resultado de multiplicar doce por doce, esto es, las Doce tribus de Israel y los doce Apóstoles de Jesús). De ellos provienen aquellos que tendrán un lugar en la nueva Jerusalén. Los adornos de la ciudad y su ambientación esplendorosa hablan de la grandiosidad del lugar preparado por Dios a los salvados, un ambiente cuya belleza sobrepasa toda imaginación y a la vez es símbolo de la grandiosidad de los bienes reservados por Dios a sus fieles.

Lectio Divina

Pasa de 8 a 10 minutos en contemplación silenciosa del siguiente pasaje:

Aludiendo a la profecía de Isaías (64:3), san Pablo escribía a los cristianos de Corinto: "lo que ni el ojo vio, ni el oído oyó, ni al corazón del hombre llegó, lo que Dios preparó para los que lo aman" (Cf. 1 Cor 2:9). Con su lenguaje cargado de símbolos, Juan nos invita a contemplar e imaginar cuanto podamos lo que podrá ser nuestra morada definitiva junto a Dios, nuestro feliz destino futuro. El imaginario descrito por Juan evoca cuán grande, sublime, perenne, abundante, esplendorosa y demás adjetivos que podamos añadir será el premio reservado por Dios para sus fieles. Si el Apocalipsis había sido escrito para suscitar esperanza, en los capítulos finales este la infunde con una fuerza única. Como dice un refrán popular, "Dios jamás se deja vencer en generosidad". Y aun lo más pequeño que hagamos por él en nuestro esfuerzo por vivir el Evangelio de Jesús y asemejarnos a Él, no quedará sin una generosa recompensa de parte del Padre.

✠ *¿Qué más puedo aprender de este pasaje?*

Día 4: Las aguas vivas y el epílogo (Ap 22)

Finalmente, un ángel le muestra a Juan el "río del agua de la vida", que fluía del trono de Dios y del Cordero. Este bajaba por las calles de la ciudad y nutría a los árboles que estaban plantados en su orilla, de modo que daban frutos doce veces al año. No solo sus frutos servían como alimento, sino que también sus hojas eran medicinales. Con un imagen expresada ya en Génesis (2:6.9) y retomada por el profeta Ezequiel, quien habló de un torrente de aguas que fluía desde el santuario de Dios (47:12), Juan nos dice que la Jerusalén celeste realizará plenamente el estado ideal, esto es, el paraíso terrenal del Génesis, significando la vida divina sin interrupción alguna de la cual los salvados participarán.

Nada de impuro será encontrado en la "ciudad" en donde Dios y el Cordero habitan, y en donde reciben la adoración de los fieles. Los fieles ven la faz de Dios y llevan su nombre en sus frentes. En el Éxodo, Moisés deseó ver el rostro de Dios, pero el Señor le dijo que nadie podía ver su rostro y permanecer vivo (cf. Éx 33:20). Los salvados reciben de Dios esta capacidad y vivirán en un día sin fin. La gloria de Dios los iluminará para siempre y será para ellos fuente de perenne alegría. Todos sus anhelos se verán realizados.

El ángel le dice a Juan que las palabras que había recibido eran ciertas y verdaderas, pues venían de Dios. Este es un recurso utilizado por Juan para dar autoridad divina al mensaje que está trasmitiendo. En este contexto aparece la sexta bienaventuranza del Apocalipsis: "Dichoso el que guarde las palabras proféticas de este libro" (22:7). Ante las palabras del ángel, Juan dice haber querido postrarse en adoración, pero es reprendido por el ángel quien le recuerda que es solamente una creatura como él. Con una expresión típica de los escritos apocalípticos, el ángel dice que el "tiempo está cerca". Esto es una nueva llamada a la vigilancia, la cual debe caracterizar la vida del cristiano. En el libro de Daniel, se le dice al profeta que conserve en secreto y selle su libro hasta que su contenido se realice (cf. Dn 12:4). Aludiendo a estas palabras, el ángel dice a Juan todo lo contrario, que no selle su libro. Que todo siga su curso: los malos, su camino perverso mientras el justo, su camino de santidad. El Señor dice que vendrá pronto trayendo la recompensa a sus fieles. En este contexto es proclamada la séptima y última bienaventuranza: "Dichosos los que laven sus vestiduras, así podrán disponer del árbol de la vida y entrarán por las puertas en la ciudad" (22:14), es decir, aquellos que se purificaron por los sufrimientos y pruebas de la vida, se disponen ahora a acoger la vida feliz preparada por Dios en el más allá y a gozar de sus dones.

Epílogo (Ap 22:16-21)

Los últimos versículos del Apocalipsis (16-21) parecen hacer de epílogo a la gran narración apocalíptica del vidente de Patmos. De una forma solemne y con títulos mesiánicos, Jesús resucitado retoma la palabra afirmando haber sido por su voluntad que el ángel transmitió el mensaje a Juan. Se sigue una especie de diálogo litúrgico, parte del cual ha sido retomado como aclamación en la liturgia eucarística después de la consagración. Juan entonces añade una fórmula de admonición típica de los escritos apocalípticos, esta fórmula advierte del castigo que puede recibir el que adultere el contenido transmitido. El libro concluye con la conocida fórmula de saludo encontrada en las cartas del Nuevo Testamento. Juan desea a todos la gracia del Señor Jesús.

Lectio divina

Pasa de 8 a 10 minutos en contemplación silenciosa del siguiente pasaje:

"¡Ven, Señor Jesús!" El Espíritu y la Iglesia, dice Juan, continuamente claman por la segunda venida del Señor. Aunque la invocación es una súplica por la realización de la segunda manifestación visible de nuestro Salvador, al repetirla en cada Misa, el creyente la puede ya ver realizada en cierto sentido, en la venida de Jesús a su corazón al recibir la Eucaristía. La vivencia consciente y fervorosa de la Comunión eucarística, concede al cristiano la gracia de experimentar ya en esta tierra, de alguna manera, de la fiesta del cielo, que le espera junto a Cristo resucitado. La alegría y la paz interior deben ser los principales frutos que coseche el creyente después de recibir a Jesús en la sagrada forma.

✠ *¿Qué más puedo aprender de este pasaje?*

Preguntas de repaso

1. ¿Qué enseñanza ha querido transmitir Juan con los capítulos finales del Apocalipsis sobre la lucha entre el bien y el mal?

2. ¿Qué significa la espada afilada que el caballero del caballo blanco trae en su boca y cuál es su enseñanza para nosotros?

3. ¿Qué mensaje quiere transmitir Juan con su descripción de los nuevos cielos y la nueva tierra?

4. ¿Cuál es el significado de la nueva Jerusalén con todas sus esplendidas características?

5. ¿Por qué en la nueva Jerusalén ya no hay un Templo?

6. ¿Cuál es el sentido de las últimas dos bienaventuranzas del Apocalipsis?

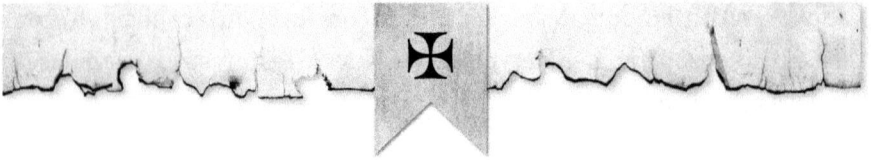

Acerca de los autores

El **P. William A. Anderson, DMin, PhD,** sacerdote de la diócesis de Wheeling-Charleston, Virginia del Oeste, director de retiros y misiones parroquiales,profesor, catequista y director espiritual. También fue párroco. Ha escrito numerosas obras sobre pastoral, temas espirituales y religiosos.

El P. Anderson obtuvo el doctorado en Ministerio por la Universidad y Seminario de Santa María de Baltimore y el doctorado en Teología Sagrada por la Universidad Duquesne de Pittsburgh.

El **P. Lucas Teixeira** nació en Ijui, Brasil en 1974. Estudió Humanidades Clásicas en Connecticut, Estados Unidos y Filosofía y Teología en el Pontificio Ateneo Regina Apostolorum de Roma. Es sacerdote desde 2007, y desde entonces se ha venido especializando en Sagrada Escritura en el Pontificio Instituto Bíblico de Roma, donde actualmente lleva a cabo sus estudios de doctorado.

Cuenta también con estudios en lenguajes semíticos antiguos mismos que llevó a cabo en la Universidad de Leiden (Holanda). Se ha especializado en el estudio de los Padres de la Iglesia y de la tradición litúrgica, y en su integración con los distintos enfoques bíblicos actuales.

www.ingramcontent.com/pod-product-compliance
Lightning Source LLC
LaVergne TN
LVHW051235080426
835513LV00016B/1590